Albrecht von Boguslawski

Reichstag und Heer

Ein Wort wider den Fraktionsgeist

Albrecht von Boguslawski

Reichstag und Heer
Ein Wort wider den Fraktionsgeist

ISBN/EAN: 9783743690424

Hergestellt in Europa, USA, Kanada, Australien, Japan

Cover: Foto ©ninafisch / pixelio.de

Weitere Bücher finden Sie auf **www.hansebooks.com**

Reichstag und Heer.

Ein Wort wider den Fraktionsgeist.

Von

von Boguslawski,

Generallieutenant zur Disposition.

Berlin.

Verlag von R. Eisenschmidt.

Verlagshandlung für Militärwissenschaft.

NW., Im Offizier-Verein.

1893.

Inhaltsverzeichniß.

Vorbemerkung.

Ich habe geglaubt, daß es nützlich sein könnte, einen kurzen Ueberblick über die Verhandlungen der Militärkommission zu geben und eine Erörterung des Ergebnisses derselben anzuschließen, da eine Orientirung aller Staatsbürger in der großen schwebenden Frage vor deren Entscheidung wichtig ist.

Zur Kennzeichnung der allgemeinen Lage hielt ich es für nöthig, einige Vorgänge in den Verhandlungen des Reichstages über den Militäretat ebenfalls zu betrachten.

Diese Vorgänge sind die maßlosen Angriffe sozialdemokratischer Redner auf das Offizier= und Unteroffizierkorps der deutschen Armee, wie sie sich in den Sitzungen vom 9., 10. und 21. März d. J. vollzogen.

Die Zeitung, welche sehr oft ungenaue und parteiisch gefärbte Berichte der Verhandlungen enthält, wird vom Publikum gelesen, zerrissen, und der Vorgang bald vergessen. Hier aber ist ein schnelles Vergessen nicht am Platze. —

Allerdings — man muß es zugestehen — hat das deutsche Offizierkorps Vertheidiger im Reichstage gefunden, doch nicht in der Gesammtheit desselben. .

Diese kleine Schrift wird der Oeffentlichkeit jene Vorgänge kurz noch einmal vor Augen führen. Man wird daraus ersehen können, auf welchem Wege wir uns befinden. —

I.

Die Verhandlungen der Militärkommission und das Fraktionswesen.

Die Entscheidung der Militärkommission des Reichstages ist völlig verneinend für die Vorschläge der Regierung ausgefallen. Ein kurzer Rückblick auf den Gang der Verhandlungen zeigt Folgendes.

Generaldiskussion.

Sieben Sitzungen hindurch bewegte sich die Generaldiskussion in Erörterungen über die politische und militärische Lage, über die Nothwendigkeit oder Nichtnothwendigkeit einer Verstärkung, über die Organisation der Armee im Allgemeinen; über die Brauchbarkeit oder Unbrauchbarkeit eines Milizsystems, über die Richtigkeit der Ziffern der Einstellungsfähigen, wie sie durch die Regierung angegeben; wie sich der nächste Krieg gestalten könne; über die Bedeutung der oder jener strategischen Stellung, den Werth der Offensive und der Vertheidigung, sogar über die Wichtigkeit der Waffengattungen, über die Bedeutung des Drei-bundes, die Stärke der Armeen Rußlands, Frankreichs und des Dreibundes, die Möglichkeit, die Kosten aufzubringen und über die Stimmung des Volkes in Bezug auf die Vorlage.

Die Sozialdemokraten erschienen mit der Absicht ein einfaches Nein zu sagen.

Die Freisinnigen und süddeutschen Demokraten hatten die Vorlage schon entschieden bekämpft, noch ehe sie officiell bekannt war.

Sie bestritten die auf dem besten Nachrichtenmaterial be-ruhenden Angaben der Regierung über die politisch-militärische Lage, indem sie ihre eigenen Meinungen jenen entgegensetzten, ja sogar die der Regierung, wie in der ersten Lesung im Plenum,

als übertrieben, lächerlich, abgebraucht und als „Kriegsrummel"
darzustellen suchten, auch vor der Anschuldigung einer tendenziösen
Zahlengruppirung nicht zurückscheuten. Wieder und wieder wurden
theils vom Reichskanzler selbst, theils von den Kommissaren der
Regierung die entgegengesetzten Angaben auf das gründlichste wider-
legt, und dennoch wurden die Behauptungen der Freisinnigen einfach wiederholt, ohne den nöthigen Beweis beizubringen. Höchstens
wurden in der Erörterung Nebenpunkte, welche gar nicht oder
wenig ins Gewicht fallen, aber anscheinend für die Opposition
sprechen konnten, mit großem Geräusch in den Vordergrund
geschoben. So z. B. wird von dem Abgeordneten Richter stets
betont, daß die deutschen Bataillone auf dem Friedensfuß durchschnittlich am stärksten, während verschwiegen wurde, daß die öster-
reichischen und italienischen bedeutend schwächer als die russischen
und französischen sind. Daß aber in Frankreich 76 Bataillone
46 Batterien schon im Frieden mehr existiren und dabei noch
144 vierte Bataillonsstämme, daß Rußland 176 Reservebataillone
besitzt und ein Mehr von 466 Bataillonen der Linie aufweist,
dies wird als unwesentlich bei Seite geschoben.

Machte man darauf aufmerksam, daß nach dem französischen
Kadregesetz 2 Hauptleute bei jeder Kompagnie, Eskadron und
Batterie vorhanden sein werden, und daß dieser Umstand allein
den französischen Reserveformationen ein großes Uebergewicht
verleihe, so hieß es: Darauf komme es bei der Militärvorlage
nicht an.

Man behauptet freisinnigerseits mit kühner Stirn, die Be-
spannungsverhältnisse der Feldartillerie lägen bei uns günstiger,
und doch hat Frankreich allein im Frieden 1038 bespannte
Munitionswagen, wir dagegen nur 91.

An diesen Beispielen ist zu ersehen, wie die Erörterung in
der Kommission und gleichzeitig in der Presse von Seiten der
freisinnigen Partei geführt worden ist.

Die Begründung des Gesetzentwurfes durch die Regierung,
nach welchem Frankreich in der Kriegsarmee etwa 700 000 Mann
stärker sein wird als Deutschland, und Rußland und Frankreich
mindestens eine Million mehr Soldaten verfügbar haben werden
als der Dreibund, blieb durchaus unwiderlegt.

Ebenso blieben die von der Regierung und in verschiedenen,
von Sachkundigen verfaßten Schriften gemachten Angaben, daß
Frankreich und Rußland schon im Frieden ein Mehr von:

278 Bataillonen, 247 Eskadrons, 480 Geschützen

dem Dreibund gegenüberstellen, daß aber Frankreich und Rußland über gut organisirte Reservearmeen verfügen, wir dagegen nur mangelhaft organisirte Reservetruppen besitzen — ganz unwiderlegt.

Demnach lautete das A und O der Freisinnigen:
1. eine solche Verstärkung ist nicht nöthig;
2. die Kosten sind unerschwinglich.

Das Centrum trat mit denselben Entschlüssen wie die Freisinnigen in die Generalbebatte ein. Seine Gründe waren dieselben. Beide Parteien führten auch immer wieder die Abneigung der Massen gegen dies Gesetz und die angeblich üble Stimmung des Volkes, insbesondere in Süddeutschland, ins Gefecht, und der Abgeordnete Lieber verstieg sich dabei zu der Aeußerung, daß es wohl einst wieder heißen könne: „Lieber bayerisch sterben als kaiserlich verderben.“ *)

Die Stimmung des Volkes ist in einem Verfassungsstaat unbedingt wichtig, sie für ein durchschlagendes Argument gegen einen Gesetzesvorschlag zu erklären, ist ebenso unbedingt falsch. Der gewissenhafte Volksvertreter ist kein Gängelmann der Menge, und nicht in jedem konkreten Fall kann er sich von der Stimmung der Majorität seiner Wähler abhängig erklären.

Aber da liegt's — das Parteiinteresse ist das maßgebende. Die Erhaltung der Mandate für den Reichstag, und beim Centrum noch außerdem für den bayrischen Landtag, das ist die Hauptsache, das Leitmotiv der Handlungsweise dieser Fraktionen. —

Die Nationalliberalen erkannten durch den Mund des Herrn von Bennigsen die Richtigkeit der Beweggründe der Regierung an, wollten aber die erhöhte Einstellung auf 40 000 Mann heruntersetzen. —

Die Konservativen ließen im Allgemeinen erkennen, daß sie die Vorlage, so wie sie wäre, also ohne gesetzliche Feststellung der zweijährigen Dienstzeit, annehmen würden; wenngleich Herr von Hammerstein des öfteren Rückfälle in die alte Gegnerschaft bekam.

Nur die Freikonservativen traten sofort voll und ganz durch den Abgeordneten Stumm für die Vorlage ein.

Erwähnenswerth in der Generaldebatte war auch, daß Abgeordneter Hinze an der Hand der Dienstuntauglichkeitserklärungen in der Truppe bezweifelte, daß die nöthige Anzahl (60 000 Mann

---

*) Die Erinnerung an das damalige Bündniß Bayerns und Frankreichs (1704) dürfte unter gegenwärtigen Umständen übrigens wenig angebracht sein.

ohne Nachersatz) wirklich Diensttauglicher vorhanden sei. Die Re=
gierungskommissare gaben auch hierüber vollständige Aufklärung.
Insbesondere ist hierbei hervorzuheben, daß diejenigen Leute,
welche bisher als „bedingt tauglich" durch die Heerordnung be=
zeichnet worden sind, thatsächlich zum allergrößten Theil durchaus
tauglich sind. (Vergleiche S. 16 u. folg.)

Im Uebrigen müßten wir selbst eine geringe Herabsetzung
der körperlichen Tüchtigkeit in den Kauf nehmen, Angesichts der
numerischen Verhältnisse, wie sie sich in den Nachbararmeen ent=
wickelt haben.

An die militärisch=politische Generaldebatte schloß sich die
Untersuchung des Kostenanschlages der Regierung durch eine
Unterkommission, deren Einsetzung durch den Abgeordneten Richter
beantragt worden war, und sodann die Erörterung des Ergeb=
nisses dieser Untersuchung in der Militärkommission selbst. —
Außerdem aber wurden auf Anregung der Opposition noch eine
Menge Posten des Reichsetats in Betracht gezogen, welche theils
in sehr losem, theils in keinem unmittelbaren Zusammenhange
mit der Militärvorlage standen.

Das Hauptergebniß war, daß die Angaben der Regierung
über die Kosten durchschnittlich richtig berechnet waren, daß die
dauernde Mehrbelastung bei Ablauf des Quinquennats an rund
70 Millionen Mark heranreichen würde.

Die Spezialdebatte.

Wir können in dem Rahmen einer kleinen Schrift nicht den
Lauf der Debatten detaillirt verfolgen, sondern wollen nur
Einzelnes, besonders Charakteristisches, hervorheben.

Die Regierung ertheilte, theils durch den Reichskanzler selbst,
theils durch die Kommissare General v. Goßler und Major Wachs,
die eingehendste und überzeugendste Auskunft, und wenn jemals
eine Spezialdebatte in einem Ausschuß ihren Zweck erfüllen konnte,
die Abgeordneten über die Zwecke eines Gesetzes aufzuklären, so
wäre es diese gewesen. — Wen kann man aber überzeugen, wenn
die Fraktionen größtentheils mit vorgefaßten Entschlüssen in die
Debatte eintreten; wenn es hier nicht heißt, sachlich prüfen und
sich dann entscheiden, sondern wenn es für die Fraktionsmänner
nur darauf ankommt, den im Interesse der Partei einmal ge=
faßten und seit Monaten schon in der Presse vertheidigten Ent=
schluß stets nur zu wiederholen und auf demselben zu beharren?

Die Endergebnisse der Spezialberathung gestalteten sich nun in den verschiedenen Parteien folgendermaßen:

Freisinnige Partei.

Sie fixirt ihren Standpunkt dahin, daß die Einführung der zweijährigen Dienstzeit zur Hauptsache, die Verstärkung der Armee zur Nebensache gemacht wird. Sie bot also der Regierung, unter der Bedingung der gesetzlichen Fest= stellung der zweijährigen Dienstzeit, eine Mehreinstellung von 27 500 Rekruten, aber unter Beibehalt der jetzigen Friedensstärke, die Unteroffiziere eingeschlossen, an und zwar soll die Bewilligung nur auf 1½ Jahr gelten. Hiermit wäre man sogar unter die bisherige Friedensstärke an Gemeinen herabgegangen, da doch eine Vermehrung an Unteroffizieren nöthig ist, und diese Vermehrung innerhalb der jetzigen Friedensstärke gesucht werden müßte.

Außerdem sollte die Ausbildung von rund 18 000 Ersatz= reserven weiter bestehen bleiben.

Das Anerbieten des Centrums ist fast dasselbe, nur will es die Zahl der Unteroffiziere aus dem Etat ausscheiden und das Prinzip der Durchschnittsstärke annehmen.

Beide Anträge streichen also die von der Regierung ver= langten sämmtlichen Neuformationen, normiren die Kadrestärke zu niedrig; erhöhen die Kriegsstärke der Armee ganz ungenügend und gewähren der Armee für die Kriegsformation, insbesondere den Reservetruppen, nicht den nöthigen Halt. Durch die Streichung der 4. Bataillone wird außerdem die Armee des Mittels beraubt, die Mehrbelastung des Dienstbetriebes, welche durch die zwei= jährige Dienstzeit entsteht, auszugleichen. Die zu niedrige Stärke der Feldbataillone nimmt der Truppe, im Falle einer Mobil= machung in der Rekrutenausbildungsperiode, großentheils den Werth einer Kadretruppe; die Streichung der Artillerieformationen beraubt die Artillerie genügender Stämme für die Neuaufstellungen bei den Reservetruppen, und nimmt nicht Rücksicht auf die ver= mehrte Anwendung von Verschanzungen, wie sie sich in den neuesten Kriegen herausgebildet hat. Durch den Beibehalt der Ersatzreserven wird der milizartige Theil der Armee, welcher nur als ein Nothbehelf eingeführt worden war, erhalten, die Un= gerechtigkeiten des jetzigen Systems, welche in der verschiedenen Dienstzeit und in der Freilassung vieler Diensttauglicher liegen, werden gar nicht, oder nur zum Theil beseitigt. — Die noth=

wendige Verjüngung der Feldtruppen kommt fast gar nicht zur Geltung.

Daß die Regierung diesen Vorschlägen, deren Annahme die Armee mit Einführung der zweijährigen Dienstzeit ohne die durchaus nöthigen Ausgleichungsmaßregeln unter Beibehalt der Ersatzreserven nur verschlechtern würde, ein entschiedenes Nein entgegensetzte, war selbstverständlich. —

Aus den Verhandlungen wollen wir noch folgende Aeußerungen der freisinnigen Partei und einen Vorgang innerhalb derselben hervorheben. —

Es trat in der Kommission eine nicht unbedeutende Meinungsverschiedenheit zwischen den Mitgliedern zu Tage. — Der Abgeordnete Hinze, der bekanntlich Militär gewesen, erkannte die Forderung der Regierung, 173 neue Bataillonsstämme aufzustellen, und zwar hauptsächlich, um den Reserveformationen einen Halt zu geben, für berechtigt an und vertrat mit einer bisher in der freisinnigen Fraktion noch nicht bemerkbar gewesenen Offenheit diese Ansicht, zu welcher er durch seine Sachkenntniß gelangt war, auch gegen den von den radikalen Parteien als eine militärische Autorität betrachteten Fraktionsführer. Er erklärte ausdrücklich, es müsse ihm unverwehrt bleiben, seine Kenntniß der Dinge hier in der Kommission auszunutzen. Im Laufe der Verhandlungen gewann die Einsicht immer mehr Boden und zwar sowohl innerhalb als außerhalb des Reichstages, daß die Vorlage ein wohldurchdachtes Ganze, und vor Allem, daß eine Verstärkung der Armee unbedingt geboten sei. Ebenso breitete sich die Ansicht aus, daß die Kosten durchaus nicht unerschwinglich seien, sondern daß die Belastung, um der Sicherheit des Reiches wegen, getragen werden müßte und getragen werden könnte. Viele wirthschaftliche und nationalökonomische Autoritäten unterstützten diese Ansicht. Ueber die beste Art der Aufbringung sind die Ansichten verschieden. Es werden mehrere Wege hierin für gangbar gehalten.

Dieser Strömung gegenüber fing die Wirkung der stets wiederholten Behauptungen der Wortführer der Freisinnigen unter den urtheilsfähigen Kreisen an, zu verblassen. — Versehen in der Führung des Streites kamen dazu. Wie kann z. B. von den Freisinnigen behauptet werden, daß dieselben der Regierung 40 000 Mann Mehreinstellung anbieten, wenn die 18 000 sich unter dieser Zahl befindlichen Ersatzreserven auch jetzt schon der Regierung zur Verfügung stehen?

Es mußte nach neuen Gründen gesucht werden. Diese fanden

sich. Es war auf eine Anfrage des Abgeordneten Richter an die
Regierung geantwortet worden, man beabsichtige keine Vermehrung
der Kriegsformationen. Hierauf wurde sofort in allen freisinnigen
Blättern mit systematischer Absichtlichkeit in die Welt gerufen: Von
einer Verstärkung der Kriegsarmee ist keine Rede, es handelt
sich nur um eine Erhöhung der Armee im Frieden. Er
war, wie die Nationalzeitung sehr treffend bemerkte, „die reine
Spekulation auf die Gedankenlosigkeit".

Vor Allem fehlen uns eben die ausgebildeten Leute, um die
beabsichtigten Kriegsformationen zu füllen; sodann aber kann jede
über Kriegsformationen abgegebene Erklärung heute richtig und
morgen falsch sein, da dieselben einfach durch den Kaiser angeord=
net werden und somit ganz nach Bedürfniß Aenderungen eintreten
können. Die ganze Vorlage ist hauptsächlich aus der Erkenntniß
entstanden, daß wir im Kriege zu schwach sind, und da will man
der Welt einreden, es handle sich nicht um Vermehrung der
Kriegsarmee!

Endlich wurde dann das alte Schlachtroß wieder bestiegen:
„die Regierung folge einem Rest absolutistischer Tendenzen", und
es müsse sich nun dies Mal zeigen, „ob die konstitutionellen Rechte
der Volksvertretung erhalten bleiben würden"; „wenn wir nur
eine Ahnung vom parlamentarischen System hätten, so wäre die
jetzige Vorlage nicht möglich gewesen. Aber es heiße dem Reichs=
tage gegenüber: sic volo sic jubeo".

Der Reichskanzler wies diese Aeußerungen des Abgeordneten
Richter mit vollem Recht weit von sich und antwortete sehr
glücklich, nicht die Regierung sage sic volo sic jubeo, wohl aber
der Abgeordnete Richter stets sic nolo sic jubeo.

Ist in Deutschland seit 1866 gegen das Votum der Volks=
und Landesvertretungen etwas ausgeführt? Wann und wo ist
verfassungswidrig gehandelt worden?

Dieses parlamentarische System aber, nach welchem die
Minister nach einer Abstimmung etwa über den Beibehalt oder die
Streichung einer Summe von 20 000 Mark oder ähnlicher Baga=
tellen gehen oder bleiben, erlebt eben seine nicht zu beneidende
Krönung in Frankreich. Wenn wir, von äußeren Feinden um=
geben, dieses System in unseren Bundesstaat einführen wollten,
würde dies Angesichts der Reise, welche unser Volk für das all=
gemeine Wahlrecht eben jetzt gezeigt hat, herrliche Früchte zeitigen.

Und daß die Freisinnigen dieses Phantom dem deutschen
Volke noch immer als einen segen= und glückbringenden Genius

hinstellen, das zeichnet am besten, wie weit sie von der richtigen Schätzung unserer politischen Lage entfernt sind. Vielleicht die nächste Zukunft schon wird es handgreiflich lehren.

„Dieser Kampf (um die konstitutionellen Rechte des Reichs= tages, die nie bedroht wurden) ist bedeutungsvoller als die Vor= lage selbst." so sagte der Abgeordnete Richter. Es ist dies der stärkste Beweis, in welchem Grade das Parteiinteresse, der Verfolg einer Doktrin die sehenden Augen gegen die ernstesten Gefahren blind machen kann. —

Die sozialdemokratische Partei.

Diese Partei blieb bei dem Nein, was sie in Folge ihrer gesammten Grundsätze stets ausgesprochen hat.

Die konservative Partei.

Dieselbe hat sich auf ihre Ueberlieferungen besonnen. Für sie haben die Kommissionsverhandlungen einen Zweck gehabt. Sie hat sich von der Nothwendigkeit überzeugen lassen und stimmt der Vorlage zu.

Freikonservative Partei.

Diese Partei hat in der Kommission von Anfang an den Standpunkt der Regierung vertreten. So war auch ihr Endvotum.

Die nationalliberale Partei.

Die Partei, welche in ihrem vaterländischen Gefühl immer die Regierung in den Militärfragen unterstützt hat, stellte sich zwar dies Mal auf den Boden der Vorlage und erkannte die Nothwendig= keit einer Verstärkung der Wehrkraft an, aber sie hat in der Kom= mission erklärt, daß sie die Forderungen nicht voll bewilligen könne.

Endgültig stellte Herr von Bennigsen in der Kommission den Antrag: eine Mehreinstellung von 45 000 Rekruten, nicht von 60 000, wie die Regierung gefordert hat, zu bewilligen. Die Präsenzstärke würde hiernach, unter Bewilligung von 7000 Unter= offizieren — statt der von der Regierung geforderten 11 875 — um 49 000 Mann vermehrt werden — anstatt der verlangten Er= höhung von 83 894 —.

Somit würde die Friedensstärke des Heeres — eingeschlossen die Unteroffiziere — 535 952 Mann betragen, gegenüber den von der Regierung geforderten 570 377 Mann.

An Neuformationen sollen die 4. Bataillone, die der Feld=
artillerie und die der Eisenbahntruppen, gewährt werden, die der
Kavallerie, der Fußartillerie und Pioniere dagegen nicht.

Die zweijährige Dienstzeit soll gesetzlich dahin fixirt werden,
daß dieselbe bei den Fußtruppen bestehen bliebe, so lange nicht
unter die, nach diesen Vorschlägen festgesetzte Friedensstärke herunter=
gegangen wird.

Die 173 Bataillonsstämme sollen nur so lange gewährt
werden, als die zweijährige Dienstzeit bestehen bleibt.

Wenn eine Partei sich auf den Boden der Vorlage stellt, wie
die nationalliberale es thut, so müssen die Abstriche um so sorg=
fältiger erwogen werden.

Die Gründe für die Abstriche sind nun folgende:

1., heißt es, sprächen die wirthschaftlichen Verhältnisse da=
gegen. Es mache einen sehr großen Unterschied, ob man 12 bis
15 Millionen mehr zu bewilligen habe, insbesondere da die Ver=
doppelung der Brausteuer und die Erhöhung der Branntweinver=
brauchsabgabe den gehofften Ertrag nicht bringen würden;

2. habe man die Vorlage geprüft und mehr oder weniger
gefunden, daß die zugestandene Vermehrung der Kriegsarmee
genüge; außerdem würde die Einstellung von 60 000 Mann, mit
Nachersatz rund 70 000 Mann, weit in die bedingt Tauglichen
hinübergreifen müssen; daß die 4. Bataillone und die Vermehrung
der Feldartillerie nothwendig erschienen, daß aber die anderen Forma=
tionen entbehrt werden könnten;

3. es sei auch in Anschlag zu bringen, daß jetzt noch Lücken
in dem Offizier= und Unteroffizieretat vorhanden seien, daß die
regierungsseitig verlangte Anzahl erst nach 5 Jahren voll sein
könne, und daß daher die Rekrutenausbildung in dieser Zeit
mangelhaft sein werde.

Herr von Bennigsen fügte in eingehender Rede noch hinzu,
daß man im privaten und öffentlichen Leben sparsamer und aus=
giebiger wirthschaften könne, und daß die Regierung sich also auch
mit dem Gewährten einzurichten vermögen werde. — Hierzu
möchten wir gleich Folgendes bemerken: Nehmen wir einmal an,
daß dies für den Dienst im Frieden möglich sei, so ist doch hier=
bei außer Acht gelassen, daß der Krieg ganz andere Verhältnisse
bringt. Kann man allein ohne Rücksicht auf einen Gegner han=
deln, dann kann man sich wohl einrichten. Im Kriege aber heißt
es den Gegner, seine Zahl und Organisation in Betracht ziehen;
und dies kann man nicht, wenn man sich nicht schon im Frieden

in die Verfassung setzt, welche solches Handeln allein möglich macht. —

Herr von Bennigsen stellte nach Ablauf der 5 Jahre eine neue Prüfung und mögliche Bewilligung neuer Forderungen in Aussicht. Er bezeichnete schließlich eine Verständigung mit dem Reichstage, falls die Regierung auf ihrem ablehnenden Standpunkte beharre, als aussichtslos und warnte dieselbe vor den Folgen des mit größter Heftigkeit entbrennenden Wahlkampfes.

Der Reichskanzler erkannte an, daß die Nationalliberalen sich auf den Boden der Vorlage stellten, erklärte aber die Anerbietungen nicht geeignet für eine Verständigung.

Wenn ein Mann wie Herr von Bennigsen, welcher sein ganzes Leben lang für die nationale Idee gewirkt und in schwierigen Lagen stets für die Erhaltung und Stärkung der Wehrkraft eingetreten ist, Vorschläge macht, so werden wir denselben so begegnen, wie es die Hochachtung vor dem Urheber gebietet.

Aber dessen ungeachtet müssen auch wir diese Vorschläge als nicht geeignet zur Lösung der großen in Rede stehenden Aufgabe bezeichnen.

Was zuerst die Frage der gesetzlichen Feststellung der zweijährigen Dienstzeit anbelangt, so haben wir uns schon früher, in Anbetracht dessen, daß die jetzt vorgeschlagene Reform ganz sicher nicht rückgängig gemacht werden kann, dafür ausgesprochen, die zweijährige Dienstzeit als zweijährige Aktivdienstpflicht und sechsjährige Reservepflicht, sei es in der Verfassung, sei es durch das Spezialgesetz, gesetzlich für immer festzustellen. Wenn indeß die Regierung darauf bestände, die nach zwei Jahren entlassenen Leute Dispositionsurlauber zu nennen, so wäre es eine querelle Allemande, daran Anstoß zu nehmen; nur muß eine klare Gesetzesbestimmung das Recht der Entlassung verbürgen.

Es wird nun in Begründung des Vorschlages Bennigsens behauptet, die Angaben der Regierung über die vorhandene Zahl der Einstellungsfähigen seien zu hoch gegriffen.

Man stellt von jener Seite folgende Berechnung auf:

Aushebungsergebniß mit Ueberzähligen 1890 und 1891 durchschnittlich 206 000 Taugliche.

Landsturm und Ersatzreserve rund 190 000 Mann.

Unter diesen bedingt Taugliche: 40 000 Mann.

Mit Hinzurechnung eines Prozentsatzes, betreffend Vermehrung der Bevölkerung, im Jahre 1893 zur Einstellung vorhanden: 252 000 Mann.

Weil man nun aber von den 40 000 bedingt Tauglichen einen Satz von 10% als nicht brauchbar abziehen müsse, so erhalte man nur **248 000** Mann jährliche Einstellung. Da nun, heißt es weiter, 16 000 Mann Nachersatz nöthig seien, also 264 000, so bliebe ein Fehlbetrag von 16 000 Mann, die Regierung könne aber nur **248 000** Mann nachweisen.

Hierzu bemerken wir: die Regierung berechnet unseres Wissens die Einstellung auf **249 000** Mann mit dem Nachersatz von 14 000 Mann, jedoch ohne Einjährigfreiwillige (9000).

Wie der Text der Militärvorlage ergiebt, beziffert sich also die Einstellung auf 235 000 ohne Nachersatz, also mit demselben auf **249 000** Mann Verbrauch. Die Zahl, mit denen für die Kriegsarmee regierungsseitig gerechnet wird, ist also mit Einjährig‹ freiwilligen 244 000 Mann.

Die Regierung beharrt jedenfalls dabei, die in der Anlage B zur Militärvorlage bezeichneten Leute — solche, welche an die Leistungsfähigkeit beschränkenden Gebrechen leiden, nicht einzu‹ stellen. Es ist aber zweifellos eine Abrechnung von 10% von den 40 000 bedingt Tauglichen viel zu hoch gegriffen, sondern es wird sich nach den Erfahrungen bei den Aushebungen nur ein ganz geringer Ausfall ergeben. Es ist klar, daß die Regierung, welcher ja die Festsetzung der bedingten Tauglichkeit überlassen blieb, die Grenzen früher weiter steckte, als sie es jetzt thun wird. Aus eigenen Erfahrungen können wir bestätigen, daß die Zu‹ theilungen zur Ersatzreserve, insbesondere in den Bezirken mit dichter Bevölkerung, in denen der Ersatz leicht aufgebracht wird, ungemein reichlich bemessen wurde, auch wurde nach Feststellung der höchsten Loosnummer oft eine ganze Anzahl ganz tauglicher Leute dem Landsturm als Ueberschuß zugetheilt, sobald die vor‹ geschriebene Anzahl Ersatzreserven aufgebracht war.

Nach den ärztlichen Berichten von 1892 (Muster 2 der Heer‹ ordnung) wird in den nächsten Jahren die Zahl der bedingt Tauglichen, nur mit ganz geringen Fehlern Behafteten (Anlage 1 Heerordnung), sich bedeutend höher stellen, als in der Anlage B zur Militärvorlage unter 2. b angegeben war.

Besonders zu bemerken ist noch, daß sich 1893 ein Mehr von Stellungspflichtigen von 90 000 Mann, eine Folge der Beendigung des Krieges, ergeben wird. Als Zeichen der durch den Krieg in dieser Beziehung hervorgebrachten Schwankungen wohl zu beachten.

Nach allem Dem erscheint es zweifellos, daß die geforderte Anzahl Wehrfähiger thatsächlich vorhanden ist, und eine Herab‹

ſetzung der Regierungsforberungen aus obigen Gründen nicht ſtatthaft erſcheint.

Es wäre doch auch wunderbar, wenn eine zahlreichere und kräftigere Nation als die franzöſiſche nicht ein bedeutendes Mehr aufbringen könnte.

Für den Vorſchlag Bennigſen wird ſodann weiter berechnet:

188 000 bisherige Einſtellung
45 000 Mehreinſtellung
7 000 Kapitulanten

zuſammen 240 000 Mann jährliche Mehreinſtellung.

Die franzöſiſche Einſtellung könne man in Zukunft nur auf 210 000 Mann veranſchlagen, es würde uns alſo ein jährliches Mehr von 30 000 Mann zuwachſen.

Hierzu bemerken wir: Die bisherige jährliche deutſche Ein= ſtellung iſt nur auf 186 000 Mann durchſchnittlich zu berechnen.

Die Kapitulanten kann man bei Berechnung der jährlichen Einſtellung behufs Feſtſtellung der Kriegsſtärke nicht in Betracht ziehen. Somit erſcheint 186 000 +- 45 000 = 231 000 Mann als die jährliche Einſtellungsziffer beim Vorſchlage Bennigſen.

Dies ergiebt in 24 Jahrgängen eine Kriegsſtärke von 4 158 000 Mann, während die Franzoſen unter Hinzurechnung eines Theils der Marine=Infanterie 4 205 000 aufbringen werden. — Denn die Annahme, daß die franzöſiſche Einſtellung auf die Dauer nur 210 000 Mann betragen wird, erſcheint nicht haltbar, da der Ausfall 1891 nur eine Folge der Kriegsjahre iſt, eine Einſtellung von 220 000 Mann aber mit völliger Sicherheit an= genommen werden kann.

Wir müſſen aber den Franzoſen nicht nur gleich, wie es der Bennigſenſche Vorſchlag allerhöchſt zu Wege bringt, ſondern wir müſſen ihnen, entſprechend unſerer Ueberlegenheit an Einwohner= zahl und in Anbetracht der Lage, in der wir uns befinden, unbe= dingt überlegen ſein. Obgleich wir den Dreibund haben, müſſen wir auch den Blick auf Rußland richten, denn ſicherlich wird ſich der Hauptſtoß Rußlands und Frankreichs gegen uns richten. Liegen wir am Boden, iſt die Hauptarbeit des Feindes gethan.

Im Uebrigen würde unſere Ueberlegenheit nach der Re= gierungsvorlage höchſtens rund 400 000 Mann, nach unſeren Berechnungen ſogar nur 300 000 betragen.

Die Franzoſen haben bereits einen Vorſprung von 2 Jahren in der hohen Einſtellung. Eine ſtückweiſe Ein= führung der Reform, auf welche Herr von Bennigſen

hinbeutete, würde die nöthige Verstärkung zu lange
verzögern. Zudem eröffnet dieselbe nur Aussicht auf neue
Kämpfe in Zukunft. — Ein Vorzug der neuen Vorlage aber ist
gerade, daß sie durch Uebertreffen der französischen Rüstungen
einen Abschluß bringen will. Die Verjüngung der Feld=
armee würde beim Vorschlag Bennigsen verringert werden.

Die verminderte Einstellung würde natürlich eine Schwächung
der projektirten Friedensstärke zur Folge haben, mit der man
sich bei dreijähriger Dienstzeit leicht abfinden, die aber bei zwei=
jähriger sehr nachtheilig wirken könnte.

Wenn wir auch über die Nachtheile eines verminderten Etats
der Feldbataillone im Frieden hinwegsehen wollten, so handelt es
sich ja doch um die Erhöhung der Kriegsstärke durch die ver=
mehrte Einstellung.

Daß die Zahl der Offiziere und Unteroffiziere erst in 3—4
Jahren voll sein wird, ist ein Uebelstand, den wir auch 1860 mit
in den Kauf nehmen mußten. Wir betrachten die äußere Lage
als eine außergewöhnliche. Zur Erfüllung unserer Aufgabe ge=
hören auch außergewöhnliche Mittel. Der Einwand des Herrn
von Bennigsen bezüglich der Offiziere und Unteroffiziere ist nicht
leicht zu nehmen. — Zur Ueberwindung der Schwierigkeiten giebt
es indeß Mittel. Wir führen als solche an:

Einziehung von Reserveoffizieren unter Anrechnung der
Uebungen. So verfuhr man auch 1860. Es finden sich immer,
insbesondere unter den Beamtenklassen, Männer, welche sich zu
manchen Zeiten ganz gern einziehen lassen.

Ausgiebigere Ernennung von Offizierdienst thuenden Vicefeld=
webeln in der Uebergangszeit.

Ebenso Zurückhaltung brauchbarer Leute des 3. Jahrgangs
für die nächsten 2 bis 3 Jahre zur Aushülfe beim Unteroffizier=
dienst, unter Zahlung einer Zulage.

Bei dem Eifer und der Elastizität unseres Offizierkorps
wird man mit diesen Mitteln in der Uebergangszeit auslangen.
Größerer Andrang zu den Unteroffizierstellen wird sich sicher
finden, wenn man die nöthigen Mittel aufwendet. Frankreich,
wo dies geschehen ist, hat Ueberfluß an Unteroffizieren.

Daß es nun einen bedeutenden Unterschied in der Mehr=
belastung des Volkes ergiebt, ob man ein Mehr von 45 000 Rekruten
oder von 60 000 bewilligt, das werden mit mir sehr Viele nicht
anerkennen wollen. —

2*

Nach unserer Ansicht kann man also weder die militärischen noch wirthschaftlichen Gründe für die Abstriche der nationalliberalen Partei als durchschlagend betrachten.

Herr von Bennigsen hielt offenbar nach der Stellung der Fraktionen im Reichstage die Durchbringung des Gesetzes für unmöglich, und um wenigstens etwas zu Stande zu bringen, machte er seine Kompromißvorschläge. Möglich, daß noch andere Gründe hierbei mitwirkten, jedenfalls sind sie nicht bekannt. Hierbei aber ist es immer noch zweifelhaft, ob diese Vorschläge durchbringen, und ob also der Regierung ein Abweichen von den ihrigen mit der Devise: Lieber weniger als nichts! nützen kann. Wie will man es ihr verdenken, wenn sie schon deßhalb mit einem Eingehen auf diese Vorschläge zögerte?

Zudem hat der Reichskanzler mit vollem Recht die Ueber= zeugung, daß die Vorlage auf das knappste bemessen ist.

Alle Parteien waren Anfangs über die Höhe der Forderung erstaunt. Nachdem aber die Lage geklärt, und die Grundlage von der nationalliberalen Partei als richtig anerkannt war, mußte dieselbe, nach meiner Ansicht, entschieden die nöthige Folgerung ziehen und sich ohne Zögern auf den Boden der Vorlage stellen.

Gerade das Beispiel einer vaterländisch gesinnten und ge= mäßigten Partei wäre von großer Wirkung gewesen und hätte die Meinung der gebildeten Klassen der Nation auf's stärkste beeinflußt. — Statt dessen aber erklärte man sowohl in der Presse als auch im Reichstage sofort, daß das Durchbringen der Gesammt= forderung unmöglich sei. Man mag die Parteikonstellation sehr beachten, aber man kann sie nicht als ausschlaggebendes Moment in dem Verhalten einer Partei anerkennen.

Nationalliberale Stimmen sagen, daß man selbstständiges Urtheil zeigen müsse, um ungemessenen Forderungen der Regierung gegenüberzutreten, aber die Regierung behauptet mit Recht, ihre Forderungen wären keineswegs ungemessen. Es kommt nun darauf an, wer hierüber das beste Urtheil hat.

Sehr oft hat doch die Geschichte gezeigt, daß die kühne Auf= nahme eines richtigen Gedankens doch schließlich den Sieg davon getragen hat. Aber wenn die Mittelparteien gewöhnlich klare Anschauung und vorurtheilsfreies Urtheil ihr Erbtheil nennen können, so hat ihnen eben so oft zur richtigen Zeit ein ganzer Entschluß gefehlt.

In jedem Falle, dies sind wir überzeugt und ist in einem Hauptorgan der Partei auch schon ausgesprochen worden, wird die Partei bei ihrem demnächstigen Verhalten die Ziele der Verstärkung des Heeres nicht nur an Zahl, sondern auch dem inneren Werth nach, fest im Auge behalten und dabei dieser oder jener Einzelheit eine besondere Bedeutung nicht beimessen.

Wir wollen wünschen, daß ihr dies in den Wirren eines Wahlkampfes möglich sein möge. —

Betrachtung über das Parteiwesen im Allgemeinen.

Wir glauben, es hat sich also genugsam gezeigt, in welchem Grade das Fraktionsinteresse das allgemein vaterländische in dieser großen nationalen Frage zu überfluthen droht. —

Daß Parteien im Staate nothwendig, und daß es auch berechtigte Parteiinteressen giebt — wem wäre das nicht bekannt? Jedermann in einer Partei glaubt oder soll wenigstens glauben, daß die von ihm verfochtenen Grundsätze die richtigen sind. Wenn aber das Parteiwesen einen gesunden Grund und Boden hat — ähnlich dem der alten englischen Parteien — so müßte sich jeder Parteimann die Frage vorlegen, ob die Durchführung der Parteigrundsätze auch dem Staate zum Segen gereichen, und ob er wohl die Verantwortung für die Ergreifung oder Unterlassung der von ihm bekämpften oder geforderten Vorschläge ganz und voll übernehmen würde.

Wir glauben, daß eine genaue und gewissenhafte Erwägung in dieser Richtung hin in den wenigsten Fällen stattfindet. — Kritisiren und negiren ist in der That nicht allzu schwer. In der Lehre von der Kriegführung gilt das Wort: „La critique est aisé, mais l'art est difficile." — Es kann ganz ebenso gut für die Politik gelten.

Daß die menschlichen Schwächen in Bezug auf politisches Handeln eine große Rolle spielen, wird nicht geleugnet werden können. Streberthum, Eitelkeit, Gewinnsucht haben beim Ergreifen einer Partei schon oft den Ausschlag gegeben. Wirthschaftliche und materielle Interessen bestimmen häufig den Anschluß und das Festhalten an einer Partei. Vertreten Parteien hauptsächlich eine Einwohnerklasse, oder eine Institution wie z. B. die sozialdemokratische den sogenannten vierten Stand, das Centrum

ben Klerus, so gelangen sie leicht baju, Staat und Vaterland in
die zweite Linie zu stellen. —*)

Durch die konfessionelle Spaltung empfängt in Deutschland
das Parteiwesen vielfach eine eigenthümliche Gestaltung, welche die
Schwierigkeit seiner Behandlung vermehrt. Was aber dem
deutschen Parteiwesen seinen besonderen Charakter aufprägt, das
ist zuerst das dem Deutschen stets eigen gewesene Kleben an
abstrakten Theorien, an der oder jener Doktrin und damit
verbunden der alte Hang zur Nörgelei, zur Querelle, zur Recht-
haberei, der früher so oft mit der Faust ausgefochten wurde;
sobann aber eingewurzelte, unausrottbare Antipathien, die immer
noch in den rabikalen Parteien eine große Rolle spielen und ihre
Stellung zu den Heeresfragen entschieden beeinflussen. Hierzu
kommen nun noch die partikularistischen Strömungen, die sich
leider im Frieden immer wieder finden und von einer gewissenlosen
Hetzpresse genährt werden. Alle diese Momente erzeugen vielfach
ein Parteiwesen, eine Denkungsart und Anschauung, die treffend
mit Fraktionszopf bezeichnet werden könnte.

Daß sich die Niederschläge jener Uebelstände am meisten in
den Parlamentsfraktionen krystallisiren, ist natürlich. Eine gewisse
Parteidisziplin muß ja in denselben obwalten, aber nur zu oft
nimmt hier neben der Befähigung zur Leitung die Herrschsucht
und Eitelkeit einen gewaltigen Platz ein. Der Fraktionsführer
will zeigen, daß die von ihm verfochtenen Grundsätze die einzig
richtigen sind, er will etwa früher erlittene Niederlagen wieder
gut machen, er will persönlich Lorbeern ernten, und so hat es
sich oft ereignet, daß die Fraktion in eine Richtung gedrängt
wird, welcher zum mindesten ein Theil der Mitglieder widerstrebt. —

So kommt denn oft unbewußt das Ergebniß zu Stande,
daß die Fraktionsinteressen über die des Vaterlandes hinauswachsen,
daß das Gefühl für gerechte Schätzung anderer Bestrebungen ver-
schwindet, daß Lüge und Verleumdung einen immer größeren
Platz einnehmen und die gegenseitige Erbitterung immer schärfere
Kampfmittel zeitigt. Unter solchen Kämpfen muß die Staats-
und Vaterlandsidee erblassen, die Doktrinen und Interessen der
Fraktionen nehmen in Gedanken und Trachten der Bürger die
Plätze jener hehren Begriffe ein und — daß die Folgen solcher
Verirrungen eines Volkes nie ausbleiben, lehrt uns die Geschichte.

*) Bei der sozialdemokratischen Partei geschieht dies bewußt zu
Gunsten ihrer Theorien.

Die alte deutsche „Misère", der alte Fluch, die Uneinigkeit, hat sich in die Fraktionen geflüchtet, mitten in das Parlament, welches nach dem Kaiser der vornehmste Vertreter der Einigkeit Deutschlands sein soll. —

Das Parteileben, auf gesunder Basis eine Nothwendigkeit für das Staatsleben, ist in dem Fraktionswesen zum Unwesen geworden.

In Frankreich hat der Fraktionsgeist viel Schandbares zu Wege gebracht — aber die Opferwilligkeit und den Patriotismus hat er noch nicht getödtet. Denn nachdem Frankreich seit 1871 die ungeheuersten Opfer, zuletzt durch die Reorganisation von 1889, gebracht hat, da bietet der jetzt tagende Heeresausschuß dem Kriegsminister mehr an, als er fordert. —

II.

Die Angriffe auf die Armee.

Für jeden, der sich in die Tendenzen und die Geschichte der sozialdemokratischen Partei vertieft hat, kann darüber kein Zweifel bestehen, daß die revolutionären Ziele derselben nicht aufgegeben sind. Die große Theorie=Debatte im Reichstage vom Februar hat zwar die Haltlosigkeit der sozialistischen Lehren dargethan; damit ist aber wenig erreicht, denn es handelt sich vorläufig gar nicht um die Verwirklichung derselben, sondern um den Sturz des Staates und der Gesellschaft, um die Befriedigung des Hasses und des Neides, wie sie sich in den von der Sozialdemokratie durchtränkten Schichten angesammelt haben, und um die „Diktatur des Proletariats". Das Weitere wird sich aus den „Mauserungen" der Sozialdemokratie ergeben.

Der Damm nun, welcher der Umwälzung sich entgegenstemmt, ist das Heer. Wir erinnern an die bekannten Worte Scherrs. — Daß doch diese Wahrheit von allen Parteien, die überhaupt auf dem Boden der jetzigen Gesellschaftsordnung bleiben wollen, erkannt würde! — Nicht wollen wir die geistigen Waffen geringschätzen, aber sie werden nicht hindern, daß der Gegner zur Gewalt greift, wenn er es vermag.

Geradezu selbstmörderisch würde es nun sein, wollten wir mit verschränkten Armen der Unterwühlung des Heeres zusehen und nicht die Machtmittel gebrauchen, welche Autorität und Rechts- pflege uns in die Hände geben.

Die Sozialdemokratie weiß dies sehr wohl, daher ihre Wuth über die Maßregeln der Kommandobehörden, um die Mannszucht aufrecht zu erhalten. So ist z. B. eine Anzahl Lokale, welche als Versammlungspunkte der Sozialdemokratie dienen, in vielen Garnisonen den Soldaten verboten. Aber nun lese man die Listen der Boykottirungen im Berliner „Vorwärts" und anderen Blättern und die Androhungen, die Ungehorsamen „gebührend öffentlich zu kennzeichnen", um die Freiheit zu verstehen, welche die Sozialdemokraten meinen. Und dabei beschweren sie sich, mit demselben Maße gemessen zu werden! —

Abgesehen von dem, was im Stillen geschieht, gehört es zum System der Wühlerei, das freie Wort, vor Allem die Tribüne des Reichstages, behufs Verhetzung der Untergebenen gegen die Vorgesetzten, zu mißbrauchen. — Da bietet sich denn zuvörderst das Thema der Mißhandlungen in der Armee. Man kann es mit Recht unerschöpflich nennen, denn es ist wohl klar, daß in einer Masse von 500 000 Menschen, welche aus den verschiedensten, auch den ungebildetsten Kreisen, zusammengesetzt sind, sich stets Fälle solcher Art ereignen werden, ganz gleich, ob man geheimes oder öffentliches Gerichtsverfahren hat, wie dies in Baiern zur Genüge gezeigt ist, denn eine Verminderung der Mißhandlungsfälle im Vergleich zum übrigen Deutschland ist dort keineswegs festgestellt.

Nun stellt sich ein sozialdemokratischer Redner auf die Tribüne und bringt eine Menge der „haarsträubendsten" Fälle vor. Daß alle diese Anschuldigungen einen ganz minimalen Werth haben, ist selbstverständlich; denn sie beruhen auf einseitigen, dem betreffen- den Abgeordneten zugegangenen Berichten. Das ist das sogenannte „Material", welches den Herren zu Gebote steht.

Von dem Audiatur et altera pars ist hier natürlich keine Spur zu finden. Wieviel in den Denunciationen übertrieben, welche Reizung und Herausforderung des Vorgesetzten durch den Untergebenen vorangegangen — und deren sind in Folge der sozialdemokratischen Lehren nicht wenige — welche mildernden Um- stände dem ersteren zur Seite stehen, von alle Dem findet sich natürlich in der Rede des betreffenden Abgeordneten absolut nichts, und wenn er darüber unterrichtet wäre, so würde er seinen Zweck verfehlen, wenn er es kund thäte.

Nun kann man ja erwidern: der Abgeordnete bringt die Dinge eben vor, wie sie ihm mitgetheilt sind und erwartet von der Regierung die Untersuchung. Ganz schön! Aber dann muß er die ihm zugegangenen Denunciationen nicht als vollendete Thatsachen hinstellen. Wenn er aber von der Regierung aufgefordert wird, Namen zu nennen, so ist es seine Pflicht, als die eines Ehrenmannes, dieselben nicht unter Vorwänden zu verweigern, wie dies jetzt im Reichstage am 9. März geschehen. Anschuldigungen aussprechen und sie nicht beweisen können, deswegen wird man im gewöhnlichen Leben gerichtlich gefaßt.

Jede Beleidigung eines Soldaten durch einen Vorgesetzten ist „ein aus dem Militarismus hervorgegangenes viehisches Verbrechen". Wenn aber Hüttenbeamte halb todt geschlagen und Ulanen erstochen werden, oder auf die Nichtstrikenden mit Revolvern geschossen wird, so hat die Sozialdemokratie hierfür die herrlichsten Entschuldigungsgründe bei der Hand. —

Wir verfolgen die Anschuldigungen der sozialdemokratischen Abgeordneten nunmehr einzeln.

In der Sitzung vom 9. März sprach der Abgeordnete Ulrich [Abgeordn. Ulrich.] über die Beaufsichtigung der als Sozialdemokraten bekannten Soldaten.

Es ist wohl möglich, daß da und dort Fehler hierbei vorkommen, was wir als sehr schädlich tief beklagen würden. Der Soldat soll beaufsichtigt sein, aber niemals mit Kränkung seines Selbstgefühls. Diese durchaus nöthige Beaufsichtigung ist aber sehr schwer zu handhaben. So viel steht jedoch fest, daß man dabei prinzipienmäßig mit dem größten Takt und mit Vorsicht verfährt. Man behält die Soldaten, von denen man weiß, daß sie vor ihrem Eintritt sich an sozialdemokratischer Agitation betheiligt haben, selbstverständlich im Auge. Das ist einfach die Pflicht der Truppenbefehlshaber. Thun die betreffenden Soldaten ihre Schuldigkeit und ist gegen ihr sonstiges Verhalten nichts auszusetzen, so wird ihnen Niemand zu nahe treten. —

Der Abgeordnete Ulrich aber erlaubte sich von einer systematischen Schuriegelei jener Soldaten zu sprechen. Er erwähnte, daß man dieselben Nachts aufstehen und im Hemde exerziren lasse. Solches würde in Darmstadt sportmäßig von den Offizieren und Unteroffizieren betrieben. Diese Aeußerung enthielt eine grobe Beleidigung der Offiziere und Unteroffiziere in Darmstadt. Ein Offizier, der dergleichen thäte, würde nicht nur kriegsrechtlich bestraft, sondern ehrengerichtlich entfernt werden.

Es galt hier Namen zu nennen. Die Namen wurden gegen-
über der Aufforderung des Kriegsministers verweigert. Eine
Rektifizirung irgend welcher Art durch den Präsidenten oder das
Haus fand nicht statt. —

Abgeordn. Grillenberger. Abgeordneter Grillenberger sprach über das Verbot mancher
Lokale. Unsere Ansicht darüber ist schon oben gesagt. Der Gerechtigkeit halber muß anerkannt werden, daß uns Fälle bekannt
sind, in denen hierin offenbar zu weit gegangen worden ist. —
Auch muß ich eingestehen, daß ich mit der Ausstellung der von den
Arbeitern in manchen Militärhandwerkstätten verlangten Reverse,
wonach dieselben ihre Nichtzugehörigkeit zur sozialdemokratischen
Partei erklären, mich nicht befreunden kann, ich halte dieselben auch
für unwirksam.

Dagegen ist die sofortige Entlassung von Arbeitern aus
solchen Werkstätten gerechtfertigt, sobald sie sozialdemokratische
Gesinnungen äußern.

Ein Satz des Abgeordneten verdient aber besondere Beachtung. Er sagte, man würde sich eines Tages mit der Berathung der Frage befassen, ob wir (die Sozialdemokraten) uns
im Falle eines Aufstandes oder Krieges weigern sollten,
zu marschiren. „Das kann Ihnen noch passiren und die Zeit
dürfte, wenn Sie so fortfahren, gar nicht fern sein.“

Der Abgeordnete nahm hierbei Bezug auf einen angeblichen
Vorgang in einer fremden Armee, wo eine Verbindung von
Unteroffizieren und Soldaten zum Zweck der Verweigerung des
Feuerns im Falle eines Aufstandes, entdeckt worden wäre.

Hier wurde also offen von der Tribüne des Reichstages die Meuterei der Armee und die Revolution ge-
predigt, mit ihr gedroht. Und das geschieht mit Absicht, um
an diesen Gedanken zu gewöhnen, für ihn Propaganda zu machen.
So weit wären wir nun schon — zum Glück ist aber auch diese
offene Erklärung geeignet, uns die Augen zu öffnen!

Abgeordn. Kunert. Der Abgeordnete Kunert sprach von den fortgesetzten Soldaten-
mißhandlungen, über die Härte der militärischen Strafen und die
Ungerechtigkeit der Erkenntnisse der Militärgerichte.

Zu diesem Behuf hatte er sich die Abschriften einer Anzahl
kriegsgerichtlicher Erkenntnisse — es wäre belehrend, zu wissen, auf
welche Weise — verschafft, las dieselben vor und kritisirte nun
die dort rechtskräftig ergangenen Urtheile als Auswüchse einer
unerhörten Tyrannei gegen den Untergebenen und ungehörige Milde
gegen den Vorgesetzten. Hierbei lassen wir dahin gestellt sein, ob

die unglaubliche Nichtkenntniß aller militärischen Verhältnisse, und die gänzlich verkehrte Anschauung derselben eine wirkliche oder nur fingirte war. Wir vermuthen letzteres, da wir in dem ganzen Verhalten der Sozialdemokraten ein wohldurchdachtes System erblicken. Der Generalauditeur Jttenbach weigerte sich mit Recht, über schon gefällte Erkenntnisse mit dem Abgeordneten Kunert zu debattiren, sondern betonte, daß man aus den einzelnen, den Akten entnommenen Stücken sich kein richtiges Bild von dem Gange der Untersuchungen machen könne. Er stellte die falschen Angaben Kunerts nur in einem Falle richtig. Nach diesen war der eingezogene Reserveunteroffizier Lexhut, weil er einige Nummern einer sozialdemokratischen Zeitung auf dem Kasernentisch hatte liegen lassen, mit 6 Jahren Festung bestraft worden. In Wahrheit hatte Lexhut als sozialdemokratischer Agitator in der Kaserne Aufwiegelei betrieben.

Die anderen vom Abgeordneten Kunert angeführten Fälle halten sich auf einem ganz ähnlichen Niveau.

Ein Soldat, der über Zapfenstreich ausgeblieben war, eine „Mißhandlung bei der Arretirung abwehrte", erhielt wegen Beleidigung und thätlichen Angriffes auf einen Vorgesetzten 5 Jahre Gefängniß. Hier sind also zwei schwere und ein leichtes militärisches Vergehen festgestellt, und dafür sollen, in Anbetracht der Nothwendigkeit der Aufrechterhaltung strenger Mannszucht, 5 Jahre Gefängniß zu viel sein!

Nachdem nun Generalauditeur Jttenbach am 21. März — ohne die Mängel des Militärgerichtsverfahrens in Abrede zu stellen — die strenge Rechtlichkeit der Urtheile der Gerichte dargethan hatte — da erklärte Abgeordneter Kunert, daß er nunmehr bestimmt behaupte, die Militärgerichte mäßen mit zweierlei Maß.

Eine Rektifizirung erfolgte nicht.

Dagegen wurde Abgeordneter Stadthagen zur Ordnung gerufen, als er am 21. März von einem preußischen Civilgericht behauptete, es habe einen Angeklagten verurtheilt, weil er Sozialdemokrat sei. — Beiläufig gesagt, ist die Unwahrheit der Behauptung des Abgeordneten Stadthagen, ein Obmann der Geschworenen habe ihm gesagt, die Socialdemokraten gehörten Alle ins Zuchthaus, also sei kein Unrecht geschehen, bereits erwiesen.

Die schwersten und infamirendsten Anschuldigungen gegen das Offizier- und Unteroffizierkorps vorzubringen, war dem Abgeordneten Bebel vorbehalten.

Abgeordn. Bebel.

Alle Punkte zu berühren ist unnöthig; zur Charakterisirung seines Auftretens genügen wenige.

In einem allgemeinen Erguß behauptete derselbe, daß die höheren Offiziere bei den Mißhandlungen ein Auge zudrückten.

Diese Aeußerung enthält die Behauptung einer schweren Pflichtverletzung einer ganzen Klasse Vorgesetzter.

Eine Rektifizirung erfolgte Seitens des Präsidiums nicht.

Wenn jemals eine Unwahrheit ausgesprochen worden ist, so ist es diese. Die Offiziere, welche ihre Leute in drei Kriegen zum Siege führten, die wissen, wie nothwendig der gute Geist in einer Truppe ist. — Daß Pflichtverletzungen in dieser Hinsicht ebenfalls da oder dort vorkommen, soll nicht bestritten werden, wir sind noch nicht an dem „geistig hohen Standpunkt" des „Zukunftsstaates" angelangt. In meiner ganzen Dienstzeit aber ist mir kein höherer Offizier bekannt geworden, der nicht Miß=handlungen u. s. w. auf das allerschärffte verfolgt hätte. Ich brauchte in dieser Beziehung, zu meinen Untergebenen sprechend, immer das Wort: Meine Herren, eine geprügelte Armee ist eine geschlagene Armee! — Der Abgeordnete Bebel aber fügte nunmehr noch eine Beleidigung des ganzen Offizierkorps hinzu, indem er erklärte, ein Soldat hätte in eine Zeitung geschrieben, nur 20 Pro= zent der Offiziere behandelten ihre Untergebenen menschenwürdig. Wenn jemand eine solche Aeußerung als Beweis anführt, macht er sie zu der seinigen.

Eine beliebte Taktik der Sozialdemokraten und radikalen Parteien ist auch, daß sie eine Menge Fälle vorbringen, deren Bestrafung längst erfolgt, oder die Untersuchung eingeleitet ist. So auch die Abgeordneten Bebel und Kunert. — Der letztere brachte den schon von anderer Seite breitgetretenen Fall eines Offiziers, welcher eingezogene Lehrer beschimpft hatte, abermals zur Sprache und nannte ihn dabei einen „sauberen Patron". Dieser Offizier ist aber längst dafür mit 2 Monaten Festung bestraft.

Abgeordneter Bebel behauptete dann ebenfalls, die Militär= gerichte urtheilten nach zweierlei Maß. Dieser Unterschied würde in dem gegenwärtigen Strafrecht schon zum Aus= druck gebracht, da die Strafen gegen Chargirte im Durchschnitt viel höher ausfielen als gegen Gemeine.

Die Erhaltung der Disziplin ist das erste Gebot, das A und O jedes Heeres, auch des Schweizerischen Milizheeres. In einem Staate, welcher ein Heer ohne Disziplin besäße, würde Abgeordneter Bebel vielleicht nicht lange mehr seine Behauptungen wiederholen.

Daß daher die Vergehen des Untergebenen gegen den Vorgesetzten durchschnittlich strenger bestraft werden als umgekehrt, liegt in der Natur der Sache, das geschieht in der freien Schweiz, in Frankreich, in Oesterreich, in Italien und sonst überall.

Mit dem ihm eigenen Patriotismus erklärt Herr Bebel aber, solche Dinge kämen in Frankreich nicht vor.

In der holländischen Kolonialarmee könne jeder Soldat, den ein Unteroffizier mißhandle, denselben niederschlagen. Woher mag Herr Bebel diese Kenntniß haben? Die dortigen Militärgesetze werden mir gerade als außerordentlich scharf geschildert.

Nun aber kam der Haupttrumpf, der Fall Salisch. Abgeordneter Bebel behauptete im Deutschen Reichstage, kalten Blutes und erhobener Stirn, der Lieutenant von Salisch habe den Kommis Weimann in Koblenz aus Eifersucht, einer Kellnerin wegen, **durch einen Degenstich hinterrücks feige ermordet. Derselbe habe also in ehrloser Weise einen gemeinen Meuchelmord** verübt.

Dieser Offizier hätte ein Jahr Festung erhalten, sei nach einigen Monaten begnadigt worden und stünde jetzt in einem anderen Regiment.

Von einem deutschen Reichstagsabgeordneten sollte man doch eigentlich glauben, daß er im Deutschen Reich, seinen Gesetzen und seinen Institutionen Bescheid wüßte und ihm also nicht unbekannt wäre, daß der Meuchelmord mit der bürgerlichen Todesstrafe, der Enthauptung, geahndet wird. —

Ein deutscher Reichstagsabgeordneter sollte wissen, daß das deutsche Offizierkorps noch nie einen Mann, von dem eine ehrlose Handlung bewiesen wurde, unter sich geduldet hat.

Und doch wagte ein deutscher Reichstagsabgeordneter vor seinem Vaterlande und dem Auslande dies zu behaupten!

Die Unmöglichkeit der Wahrheit lag auf der Hand. —

> Doch Bebel sagt's, es war ein Meuchelmord,
> Und Bebel ist ein ehrenwerther Mann!

Der Kriegsminister ging an diesem Tage auf den Fall Salisch nicht ein, sondern charakterisirte in entsprechender Weise das ganze Verfahren der Sozialdemokraten. Nur der Centrumsabgeordnete Lieber und der konservative Abgeordnete von Manteuffel

ergriffen gegen die Ausführungen Bebels das Wort. Und besonders dankenswerth und zutreffend sind die Worte Liebers,
„daß diese Anklagen nur dazu dienen können, unsere hochver-
dienten, ehrenwerthen Offiziere, die Armee, das ganze deutsche
Volk auf das tiefste zu verbittern und die Würde unseres Reichstages nicht nur, sondern auch unserer Nation und unseres Heeres
vor dem Auslande auf das tiefste herunter zu setzen".

Der nationalliberale Abgeordnete von Marquardsen sprach
seine Zustimmung zu den Worten der Abgeordneten Lieber und
von Manteuffel aus. Von den Freisinnigen rührte sich Niemand.

Am 21. März nahm nun der Kriegsminister das Wort und
stellte amtlich den Fall Salisch in der Weise richtig, wie er in
der Armee sofort bekannt geworden und auch durch die Zeitungen
veröffentlicht worden war.

Demnach hat sich am 20. März 1892, Abends auf der Schiff-
brücke in Koblenz ein Streit zwischen dem, von einem anderen
Offizier begleiteten Lieutenant von Salisch und dem Kommis
Weimann entsponnen, der seinerseits von einem Civilisten begleitet
war. Der Kriegsminister erklärte, der Ursprung des Streites sei in
Dunkel gehüllt. Wahrscheinlich hat hier Aussage gegen Aussage
gestanden. Hiermit stimmt aber die Feststellung nicht überein,
daß Weimann auf der Brücke den von Salisch durch höhnische
Redensarten beleidigte. Es wurde außerdem hinzugefügt,
daß der Kommis Weimann diesen Offizier schon vielfach früher
durch solche Redensarten gereizt, und daß Weimann schon
wegen Unfugs und Widerstandes gegen die Staatsge-
walt bestraft war. Seine Sucht, mit Militärs Händel zu suchen,
ist auch an demselben Tage andern Orts festgestellt worden.

Lieutenant von Salisch stellte nun den Weimann wegen
seiner Hohnworte zur Rede. Weimann bedroht ihn mit einem
dicken Stock. Salisch ruft noch „Stock weg!" oder etwas Aehn=
liches, und als Weimann dies nicht thut, giebt er ihm 2 flache
Hiebe über den Kopf, die ihn nicht verletzen. Hierauf schlägt
Weimann den Offizier mit dem Stock in's Gesicht, so daß der=
selbe am Auge verletzt wird, und nun führt Salisch einen Stoß
nach dem Gegner, der ihm am linken Schenkel die Schlagader
durchbohrt und dessen Verblutung herbeiführt.

Dies der einfache Hergang, der sich also als ein von dem
Weimann provozirter Zusammenstoß charakterisirt, in welchem der
Lieutenant von Salisch von seiner Waffe in der Nothwehr Gebrauch
gemacht und dabei das Unglück gehabt hat, den Tod des Gegners

herbeizuführen. Die Zeugen waren der Begleiter des Herrn von Salisch und der des Kommis Weimann. Nach dem deutschen Civilstrafgesetzbuch, nach welchem bekanntlich alle gemeinen Vergehen der Militärpersonen ebenfalls abgeurtheilt werden, mußte er also nach 226 oder 227, unter Annahme milbernder Umstände (228), die hier ohne Zweifel vorlagen, wegen Körperletzung mit töbtlichem Ausgange verurtheilt werden. Diese gestatten sogar bei der Töbtung eines Menschen (226) die Anwendung einer Minimalstrafe von nur 3 Monaten. Das Kriegsgericht ist also, indem es auf ein Jahr erkannte, keineswegs bis auf das minbeste Strafmaß herabgegangen. Kein Civil-Schwurgericht würde in demselben Falle anders erkannt haben, und jeder billig Denkende wird hier Nothwehr als vorhanden betrachten.

Der Kriegsminister erklärte somit die Behauptung, v. Salisch sei ein gemeiner Meuchelmörder, für eine Verleumbung, wofür ihm mit dem Ruf „Frechheit" aus den Reihen der Sozialbemokraten geantwortet wurde.

Ferner wurde eine andere Anschuldigung des Abgeordneten Bebel, betreffend den Hauptmann Prey in Frankfurt a/O., der durch Mißhandlung den Tod seines Burschen herbeigeführt haben sollte, in ihrer ganzen krassen Grundlosigkeit klar gelegt, und die Anschuldigung ebenfalls als eine Verleumbung bezeichnet. Gegen diese Aeußerung des Kriegsministers wurde vom Präsidenten Verwahrung eingelegt. Für den Ruf „Frechheit" erfolgte keine Rüge.

Die verleumberische Beleidigung wird allerdings im Strafgesetzbuch (§ 187) als Verbreitung einer unwahren Behauptung wider besseres Wissen charakterisirt, aber der Thatbestand infamirender und unwahrer Behauptungen war vorhanden. Ein Abgeordneter hat allerdings die Pflicht, gerade mit Rücksicht auf seine Privilegien, nicht unwahre Thatsachen als Fakta hinzustellen, wie es hier geschehen. — Was that nun Abgeordneter Bebel nach diesen Berichtigungen?

Er häufte eine neue, noch schwerere Beleidigung auf die erste, indem er die Richtigkeit der Feststellung des Vorganges anzweifelte und dabei ausrief: „Wir haben mehrfach erlebt, was die Herren Offiziere Alles auszusagen fertig bringen, wenn es gilt, einem Kameraden aus der Patsche zu helfen."

Von Seiten des Präsidiums wurde diese Beleidigung des deutschen Offizierkorps nicht rektifizirt. —

Ja, sind denn die deutschen Offiziere im deutschen Reichstage

vogelfrei? Ist es denn nicht bekannt, daß die strengste Wahrheits=
liebe die Grundlage der Ehre jedes Offiziers ist, und daß derjenige,
welcher dies vergißt, aufhört, Offizier zu sein, und wäre er auch
der allertüchtigste?

Abgeordneter Bebel griff sodann die Charakterisirung des
Weimann, wie sie nach seinen gerichtlichen Strafen und in
dieser Untersuchung festgestellt ist, an, und erklärte es für un=
denkbar, daß es in Deutschland einen Menschen gäbe, der einen
Offizier oder Unteroffizier provociren könne. — Difficile est
satyram non scribere. Solches geschieht besonders unseren jungen
Offizieren gegenüber recht häufig, und nur der Besonnenheit derselben
ist es zu danken, daß es nicht noch mehr Fälle Salisch giebt.

Wie war es doch mit dem todtgeschlagenen Unteroffizier in
Spandau, dem Gensdarmen in Köpenick, dem Ulanen in Saar=
brücken?

Es ist ein trauriger Zustand, fährt Herr Bebel fort, daß
Civilisten Offizieren und Soldaten gegenüber vollkommen wehrlos
sind. Das heißt die Sache auf den Kopf gestellt. Im Gegen=
theil! Wenn ein „Alter" einen „Jungen" anfaßt, kann er dafür
höchstens vom Gericht bestraft werden. Der Offizier dagegen
unterliegt doppelter Beurtheilung, denn außer der kriegsgericht=
lichen, erfolgt eine ehrengerichtliche Untersuchung, in welcher der
kleinste Makel im Verhalten desselben nicht ungerügt bleibt. Ins=
besondere wird das Herbeiführen von Konflikten oder nicht sorg=
same Vermeidung derselben auf das schärfste geahndet.

Auf eine Bemerkung des Abgeordneten v. Manteuffel erklärte
sich Herr Bebel bereit, das, was sich in seinen Behauptungen als un=
begründet herausgestellt habe, zurückzunehmen. Nach seinen weiteren
Ausführungen aber lag der Fall nicht anders als vor den Er=
klärungen des Kriegsministers, und zum Schluß erklärte Herr
Bebel dem Abgeordneten von Liebermann gegenüber, der Lieutenant
von Salisch habe angefangen und sei wie jeder andere
Messerheld zu beurtheilen.

Die unglaublichen Irrthümer des Abgeordneten Bebel über
die Beschwerdevorschriften und den Militärstrafprozeß stellten der
Kriegsminister und der Generalauditeur richtig. Es half natürlich
nichts. So stellen wir uns die Sache vor, um damit die
größte Aufreizung hervorbringen zu können, und so
muß sie deßhalb sein. Basta! —

So ist es z. B. nicht richtig, wie Herr Bebel behauptete,
daß der sich beschwerende Soldat in die Lage kommen kann, sich bei

demjenigen beschweren zu müssen, der ihn verletzt hat. Dies ist sogar durchaus verboten. Solche Ungeheuerlichkeit wird aber kühnen Muthes behauptet. ---

Ueberhaupt muß man sich bei diesen Anschuldigungen doch fragen: Stellen sich diese Herren unwissend an, oder sind sie wirklich so unglaublich unwissend in den einfachsten militärischen Verhältnissen?

Am deutlichsten zeigt sich dies in folgendem Fall, den gleich= falls Abgeordneter Bebel vortrug. Vor etwa 9 Jahren soll ein Transport Landwehrmänner von Leipzig per Bahn abgehen. Die Wagen sind solche, wie man sie in allen Armeen zum Truppen= transport häufig anwendet, d. h. mit Sitzen versehene Wagen 4. Klasse.

Da wollen nun aber die Leute nicht hinein. Sie verweigern gemeinschaftlich den Gehorsam, widersetzen sich (Meuterei, mili= tärischer Aufruhr) und haben die unglaubliche Frechheit, an des Kaisers Majestät zu telegraphiren und um Aenderung zu bitten. Der Fall ist an und für sich lehrreich, weil er zeigt, welche Reizung der Vorgesetzten einer etwaigen Ausschreitung derselben oft vorangeht. — Daß nun diese Aufrührer wegen des schwersten und gefährlichsten aller militärischen Verbrechen zur Zuchthaus= strafe verurtheilt wurden, das erscheint dem Abgeordneten Bebel als eine unglaubliche Tyrannei. — Freilich wohl! Ein solcher Aufruhr im Großen und der Beginn des „gemauserten“ Zukunfts= staates, dieses Zuchthauses für Alle, wäre eingetreten.

Charakteristisch ist auch, daß der deutsche Reichstagsabgeordnete Bebel die vor nunmehr 29 Jahren in Graudenz stattgefundene Meuterei einer Kompagnie zur Sprache brachte. Der Hauptmann v. Besser hatte seine Kompagnie mit kleinlichem, übertrieben pedantischem Dienstbetriebe gequält. Auf Antrieb einiger Unter= offiziere verweigerte die gesammte Kompagnie eines Tages beim Exerziren den Gehorsam, indem sie nicht das Gewehr aufnahm. — Dieses in der preußischen Armee unerhörte Faktum mußte natürlich auf das Strengste bestraft werden, und das geschah. Der Regimentskommandeur erhielt wegen mangelnder Beauf= sichtigung den Abschied, der Premierlieutenant der Kompagnie, weil er nicht über diese Zustände Meldung gemacht hatte, von Seiner Majestät eine ernste Rüge. Hauptmann v. Besser wurde erst später für wahnsinnig erklärt. Vor der Meuterei waren nur Uebertriebenheiten bemerkbar gewesen, eine rohe Behandlung der Kompagnie hatte keineswegs stattgefunden.

Die Bestrafung eines solchen Vorfalles wird nun von dem Abgeordneten Bebel als ein Akt des rohen Militarismus ausgegeben! — Wir können nur rathen, bis zum siebenjährigen Kriege zurückzugreifen, da findet man vielleicht noch rohere Sachen.

Die Anschauungen desselben ergeben sich weiter aus den Aeußerungen, „die Stellung des Soldaten den Vorgesetzten gegenüber muß von Grund aus eine andere werden".

Wir glauben wohl, daß dies der Sozialdemokratie passen würde. — Wenn er ferner meint, daß der Soldat nur zur Befolgung eines Befehls, welcher im Zusammenhang mit dem Dienst steht, verpflichtet sein müßte, so bemerken wir ihm, daß dies längst erreicht ist. (§ 92 R. M. St. G. B.)

Soweit die Hauptpunkte der von dem Abgeordneten Bebel veranlaßten Verhandlungen. —

Abgeordn.
Stadthagen.Derselbe erklärte am 10. März, „das Militär müsse nicht länger als eine Versorgungsanstalt für Junker angesehen werden, die anderwärts nicht mehr fortkommen."

Zur Verwerthung für irgend einen künftigen Molière geeignet ist die folgende Aeußerung: „Nach Aenderung dieses Systems würden Sie weniger dumme Offiziere haben, da sich dann nur geistig höher stehende Personen dem Offizierstande widmen würden." In dieser Aeußerung zeigt sich die grenzenlose geistige Ueberhebung dieser Herren, welche mit ihrer angeblichen „Wissenschaftlichkeit" die Welt erleuchten wollen, von denen aber nur der geringste Theil fähig ist, über die Grenzen des engsten Parteistandpunktes hinauszugehen.

Die Sozialdemokraten versicherten schließlich, gegen die Armee keinen Haß zu haben, nur die Offiziere wollten sie „bessern". Ueberhaupt leuchtete das Bestreben sichtbar durch, die Mannschaft als schon vom sozialdemokratischen Geist berührt, hinzustellen.

Hervorzuheben ist noch, daß der Abgeordnete Richter erklärte, da die Regierung mit der Vorlage einer neuen Militärstrafprozeßordnung so zögere, so bleibe nichts übrig, als immer und immer wieder solche Fälle vorzubringen, um damit eine Pression auszuüben. Es möge ja vielleicht „in den Einzelheiten manchmal zu weit gegangen sein", doch seien diese Debatten deßwegen durchaus berechtigt.

Der Zweck heiligt also hier das Mittel, sagen wir, und dies Mittel ist ein übles.

Die zarte Ausdrucksweise, „in den Einzelheiten möge zu weit gegangen sein", stimmt wenig mit anderen Worten und Handlungen des Abgeordneten Richter überein.

Noch in derselben Sitzung trat auf Anregung der Abgeordneten Richter und Rickert der Reichstag aufs energischste gegen den bekannten und mehrfach bestraften Abgeordneten Ahlwardt auf. Wer sollte dem, außer den verblendeten Anhängern dieses Mannes, nicht beistimmen?

Als am nächsten Tage der Abgeordnete Ahlwardt die versprochenen Beweise für seine Behauptungen hinsichtlich des Invalidenfonds nicht liefern konnte, entstand ein gerechter Sturm des Unwillens. Nun frägen wir aber, ob es nicht ebenso schlimm ist, jemanden unwahrer Weise des Meuchelmordes, ein Offizierkorps der falschen Zeugnißablegung zu bezichtigen, als eine Anzahl Personen gewinnsüchtiger, unredlicher Manipulationen zu zeihen?

Wo blieb aber bei den Fällen Salisch und Prey das einmüthige Einschreiten des Reichstages, der Entrüstungssturm? Wo waren insbesondere die Herren auf der Linken in diesem Moment? Das heißt mit zweierlei Maß messen. —

— —

Einige Worte über Strafprozeß und Strafrecht des Heeres.

Daß unser Militärgerichtsverfahren auf Grund der Oeffentlichkeit und Mündlichkeit umgestaltet werden muß, ist auch von mir schon früher vertreten worden.

Die Einrichtungen eines Staates müssen sich organisch an einander schließen, soweit es angängig.

Wenn man im bürgerlichen Gerichtsprozeß anerkannt hat, daß das mündliche Verfahren den Richtern einen anderen und tieferen Einblick in den Verlauf der Sache gewährt, eine bessere Beurtheilung der Persönlichkeit des Angeklagten und der Glaubwürdigkeit der Zeugen gestattet, so ist kein Grund vorhanden, dies beim Militärstrafprozeß zu verneinen.

Das öffentliche Verfahren gewährt dem Bürger Einsicht in den Gang der Untersuchung, und gewinnt jeder dadurch, wie in altgermanischen Zeiten, die Ueberzeugung, daß das Recht treu und gewissenhaft gehandhabt wird.

Freilich hatten wir in alten Zeiten keine ausbeutungssüchtige Parteipresse. Aber die öffentliche Verhandlung wird in den meisten Fällen der Ausbeutung gerade die Spitze abbrechen. Die Oeffentlichkeit kann wohl hin und wieder auch Nachtheile zeitigen, denn

3*

Beeinflussungen sind denkbar. Ihre Vortheile werden aber un=
bedingt größer als ihre Nachtheile sein. Wäre es z. B. nicht
durchaus vortheilhaft gewesen, den Fall Salisch sogleich öffentlich
zu behandeln?

In einzelnen Fällen, deren öffentliche Behandlung der Dis=
ziplin schädlich sein könnte, schließe man die Oeffentlichkeit aus.
Hiermit wird genügende Bürgschaft für Beachtung der Eigen=
thümlichkeit der Heeresverhältnisse gegeben sein.

Ganz haltlos ist es aber, von Einführung des öffentlichen
Verfahrens ein Verschwinden der Ausschreitungen, wie Mißhand=
lung u. s. w., zu erwarten. Man blicke doch nach Bayern, ist es
denn dort der Fall?

Das Eingehen auf die Organisation und Zusammensetzung
der Gerichte, die Regelung des Verfahrens und der Vertheidigung,
der Bestätigung und des Appellationsrechtes überlassen wir be=
rufeneren Federn. Doch möchten wir hierbei noch hervorheben:
Aenderung der zu vielseitigen Stellung des Auditeurs und die
Aufhebung der klassenweisen Berathung und Abstimmung.

Es war nicht richtig gehandelt, die Reform so lange zu ver=
zögern. Abgesehen von der Sache selbst, wäre es auch im Inter=
esse der politischen Einheit nöthig gewesen, die Verschiedenheiten
zwischen Bayern und dem übrigen Deutschland zu beseitigen. Der
Gerechtigkeit wegen muß man aber auch darauf hinweisen, daß
vielleicht aus der Sonderstellung Bayerns heraus manchen Schwierig·
keiten begegnet worden ist. Der Hauptgrund aber, weshalb
die Regierung gezögert hat, ist jedenfalls der, daß die Besorgniß
obwaltet, die Radikalen möchten bei Redigirung des Gesetzes einen
zu großen Einfluß ausüben können.

Mag nun aber auch unser Prozeß mangelhaft sein, die
Mängel werden, wie der Generalauditeur im Reichstage hervor·
hob, vielfach ausgeglichen durch die Gewissenhaftigkeit unserer Ge·
richtsbeamten, die Einsicht unserer als Richter fungirenden Offi=
ziere und Mannschaften.

Und es kann nur der Skandalsucht und den unlauteren, vor·
hin gekennzeichneten Absichten zugeschrieben werden, wenn man
behauptet, daß in unseren Militärgerichten Willkür, Ungerechtigkeit
und Parteilichkeit herrschten. Diese Behauptung hängt uns vor
Europa einen unverdienten Schandfleck an. Es kommt nicht nur
auf die Form eines Verfahrens an, sondern auch auf den Geist, in
dem es gehandhabt wird, und das Rechtsgefühl ist in unseren
Offizieren und Soldaten ebenso entwickelt wie in jedem anderen

Deutschen. Eine Beeinflussung des Richterpersonals ist gerade beim Wechsel besselben undenkbar. Nur Leute, welche das Innere der Armee absolut nicht kennen oder es durch die radikale und sozial= demokratische Parteibrille ansehen, machen sich davon ein Bild, wie die Herren Bebel oder Kunert es zeichnen.

Nun sagte Abgeordneter Bebel, das Militärstrafgesetz schon stellte den schädlichen Unterschied in der Beurtheilung der Straf= thaten der Vorgesetzten und Untergebenen fest, und andere Redner griffen die Handhabung des Rechtes und das Recht selbst als drakonisch und grausam an.

Diese Vorwürfe sind ganz ungegründet. Das 1872 vom Reichstage genehmigte Reichsmilitärstrafgesetzbuch fiel unter der humanisirenden Strömung, welche besonders durch den Abgeordneten Lasker vertreten wurde, vielleicht sogar zu milde aus. Die Strafen des preußischen Militärstrafgesetzbuches wurden bei fast allen Vergehen gegen die Unterordnung in dem neuen Strafgesetzbuch stark heruntergesetzt, dagegen die gegen Vorgesetzte wegen Miß= brauch der Dienstgewalt zu verhängenden verschärft. So z. B. wurde die Minimalstrafe wegen Verweigerung des Gehorsams von 4 Wochen auf 14 Tage strengen Arrest, die des thätlichen Angriffs gegen einen Vorgesetzten von 10 auf 3 Jahr verringert. Die Arreststrafen durften von da ab nur bis zu 4 Wochen, früher bis zu 6 Wochen, verhängt werden.

Ein Vergleich einiger Bestimmungen des deutschen und fran= zösischen Strafgesetzbuchs wird die größere Milde des unsrigen zeigen.

Militärischer Aufruhr. Révolte, rébellion.

Deutschland.	Frankreich.
Anstifter: Zuchthaus von 5 Jahren ab.	Todesstrafe.
Im Felde: Todesstrafe.	" "
Theilnehmer: Gefängniß nicht unter 5 Jahre.	Zwangsarbeit (travaux publics) von 5 bis 10 Jahre.
Im Felde: 10 Jahre.	

Beleidigung eines Vorgesetzten.

Deutschland.	Frankreich:
Außer Dienst: mit Arrest oder Gefängniß von 1 Tag bis 2 Jahren.	Außer Dienst: 1 bis 5 Jahre Gefängniß.

Deutschland:
Im Dienst: bis zu 3 Jahren.

Frankreich:
Im Dienst: Absetzung (destitution), 1 bis 5 Jahre Gefängniß, falls der Schuldige Offizier ist; mit 5 bis 10 Jahren Zwangsarbeit, falls er Unteroffizier oder Gemeiner ist. —

Thätlichkeiten gegen einen Vorgesetzten.

Deutschland.
Außer Dienst: Freiheitsstrafe nicht unter 3 Jahren, in minder schweren Fällen nicht unter 1 Jahr.

Im Dienst oder mit Waffe: Freiheitsstrafe nicht unter 5 Jahren, in minder schweren Fällen nicht unter 2 Jahren. Hat die Thätlichkeit den Tod zur Folge, tritt Zuchthausstrafe an Stelle der Gefängnißstrafe oder Festungshaft.
Im Felde: Todesstrafe, in minder schweren Fällen Freiheitsstrafe nicht unter 10 Jahren. Außerdem Dienstentlassung.
Bei Reizung des Untergebenen durch den Vorgesetzten kann die mit dem Tode bedrohte Handlung auf 3 Jahre Freiheitsstrafe; ist zeitige Freiheitsstrafe angedroht, auf 1 Jahr — liegt aber eine Mißhandlung durch den Vorgesetzten vor, so kann die Strafe auf 6 Monate ermäßigt werden.

Frankreich.
Außer Dienst: Absetzung; bei einem Offizier 1 bis 5 Jahr Gefängniß, bei Unteroffizieren und Mannschaften 5 bis 10 Jahre Zwangsarbeit.
Im Dienst, mit der Waffe, oder mit Ueberlegung: Todesstrafe.

Solche Milderungen fehlen im französischen Strafgesetz.

Verweigerung des Gehorsams.

Deutschland.

Im Frieden: 14 Tage strengen Arrest bis zu 3 Jahren Gefängniß.

Vor versammelter Mannschaft*): nicht unter 1 Jahr Gefängniß.

Vor dem Feinde: Todesstrafe; in minder schweren Fällen Freiheitsstrafe von 10 Jahren bis lebenslänglich.

Frankreich.

Im Frieden: 1 Jahr bis 2 Jahr Gefängniß. Bei Offizieren Absetzung.

Vor dem Feinde: Todesstrafe.

Fahnenflucht.

Deutschland.

Im Frieden: 6 Monat bis 2 Jahre Gefängniß; im ersten Rückfalle 1 Jahr bis 5 Jahr; im wiederholten Rückfalle Zuchthaus von 5 bis 10 Jahren.

Im Felde: 5 bis 10 Jahre Gefängniß; Rückfall im Felde: Todesstrafe.

Verabredung zur Fahnenflucht und Ausführung: Erhöhung der Strafe von 1 Jahr bis 5 Jahren.

Im Felde: Zuchthaus. Rädelsführer Todesstrafe.

Fahnenflucht vom Posten vor dem Feinde u. s. w.: Todesstrafe.

Außerdem Versetzung in die 2. Klasse.

Frankreich.

Im Frieden und im Innern: 2 bis 5 Jahre Gefängniß.

Im Felde oder Belagerungszustand: 2 bis 5 Jahre Zwangsarbeit. — Nicht unter 3 Jahre bei Mitnahme der Waffen oder im Rückfall.

Fahnenflucht im Komplot im Innern: Rädelsführer 5 bis 10 Jahre Zwangsarbeit; für die Theilnehmer das Maximum obig angeführter Strafen.

Fahnenflucht vor dem Feinde: Todesstrafe. —

Verlassen des Postens oder der Wache.

Deutschland:

Im Frieden: Mittlerer oder strenger Arrest von 14 Tagen ab.

Im Felde: Entsprechende Erhöhungen bis Todesstrafe.

Frankreich.

Im Frieden: 2 Monate bis 1 Jahr Gefängniß.

Im Felde: Erhöhungen bis Todesstrafe.

---

*) Dieser allgemeine Begriff, Versammlung von 5 Mann, eingeschlossen den Vorgesetzten und den Schuldigen, fehlt in Frankreich.

Mißhandlung eines Untergebenen.

Deutschland.	Frankreich.
3 Monat bis zu 3 Jahren Gefängniß. Im Rückfalle tritt der erhöhten Strafe Dienstentlassung hinzu.	2 Monate bis 5 Jahre Gefängniß.

Das deutsche Strafgesetzbuch giebt nun in dem 7. Abschnitt „Mißbrauch der Dienstgewalt" in den §§ 114—125 eine ganze Reihe von Vorschriften über den Mißbrauch der Dienstgewalt, unter denen wir § 117 besonders hervorheben, welcher eine Freiheitsstrafe bis zu 5 Jahren und Degradation bezw. Dienstentlassung androht auf die Unterbrückung von Beschwerden.

Die Vollstreckung der Degradation geschieht in Frankreich öffentlich, in Deutschland nur vor 2 Personen. Die Todesstrafe, welche in Frankreich im Frieden 8 Mal wegen militärischer Vergehen verhängt werden kann, existirt wegen solcher im Frieden in Deutschland nicht. Sogar auf thätlichen Angriff auf einen Vorgesetzten mit tödtlichem Ausgange steht nur fünfjährige bis lebenslängliche Zuchthausstrafe. Bei gemeinem Mord wird auf die bürgerliche Todesstrafe der Enthauptung wie bei jedem anderen Staatsbürger erkannt.

Bei Gelegenheit der Debatten von 1891 im Reichstage über die angebliche kriegsrechtliche Erschießung eines Marinesoldaten in Köln wurde erst am 2. Tage entdeckt, daß die militärische Todesstrafe im Frieden gar nicht bestände. — Wochen lang war schon in den Zeitungen über diesen unmöglichen Fall, dessen Unmöglichkeit bei nur einiger Gesetzeskenntniß sofort erkannt worden wäre, gesprochen worden.

Aus obigen Angaben ersieht man, daß das deutsche Militärstrafgesetz also bedeutend milder als das französische ist, außerdem aber sehr genügenden Schutz für den Untergebenen gegen Ausschreitungen des Vorgesetzten gewährt. Eine weitere Herabsetzung der Strafmaße könnte es nur auf Kosten der Disziplin vertragen.

Besonders auffallend sind aber für das Land der égalité, fraternité und liberté die ungleichen Strafmaße für Offiziere und Mannschaften, welche in Deutschland ganz gleich sind. In der Verschiedenheit der Strafarten für Offiziere und Soldaten für militärische Vergehen kommen beide Strafgesetze ohngefähr überein; nur wird für Soldaten in Frankreich die sehr

harte Strafart der travaux publics viel häufiger als unsere Zucht=
hausstrafe angewandt.

Nun kann man ja allerdings bemerken, daß den deutschen
Militärgerichten in vielen Paragraphen ein großer Spielraum,
von der Minimalstrafe ausgehend, gegeben ist. — Aber nie habe
ich bemerkt, daß ohne erschwerende Umstände über das niedrigste
Strafmaß herausgegangen wurde.

Trunkenheit bei Bestrafung der militärischen Vergehen als
Milderungsgrund zuzulassen — wie es auch im Reichstage ver=
langt wurde — würde etwa dreiviertel aller Insubordinations=
vergehen straflos lassen, denn die allermeisten derselben sind in
der Trunkenheit begangen.

Was die Disziplinarstrafordnung anbetrifft, so würde ein
Vergleich mit den anderen Armeen zeigen, daß die Strafbefugniß
sich bei uns gleichfalls in sehr mäßigen Grenzen hält und in mehreren
anderen Staaten bedeutend weiter gezogen ist. — Insbesondere
haben in mehreren Armeen sogar schon Unteroffiziere das Recht,
Disziplinarstrafen zu verfügen, während bei uns dieses Recht erst
vom Kompagniechef ab beginnt. So kann z. B. in der Schweiz
ein Adjutantunteroffizier oder Feldwebel 2 Tage, ein Lieutenant
3 Tage gemeinen Arrest verhängen. — Auch die Schweizer Miliz=
armee kann strenge Disciplinarstrafen nicht entbehren. Es wird
dort der „strenge Arrest" unter Strafschärfung bei Wasser und
Brod bis zu 20 Tagen verhängt.

Die Deutsche Disziplinarstrafordnung und das Gesetz vom
20. 6. 1872 regeln auf das genaueste die Anwendung der
Strafarten, und die Verfügung der Strafen wird auf das strengste
von den höheren Vorgesetzten kontrolirt. So z. B. darf in allen
dazu geeigneten Fällen niemals zum Arrest übergegangen werden,
ehe nicht die „kleinen Disziplinarstrafen" (Rapporte, Strafarbeit
u., s. w.) ihre Wirkung gethan haben. Die Disziplin der deutschen
Armee beruht eben nicht auf der Schärfe der Strafen,
sondern sie beruht auf der Pünktlichkeit und Straffheit, mit
welcher der Dienst gehandhabt wird, auf der kurzen, entschiedenen
Form der Befehle, auf dem strammen Exerzitium, auf dem mili=
tärischen, vaterländischen Sinn der Bevölkerung und dem gegen=
seitigen Vertrauen der Vorgesetzten und Untergebenen, das man
sich jetzt auf alle erdenkliche Art bemüht zu untergraben.

Beschwerderecht.

Ein weiterer viel erörterter Punkt ist das Beschwerderecht der Mannschaften. Man behauptet, das jetzt gültige verhindere den Mann an der Durchführung einer Beschwerde, und Abgeordneter Bebel stellte die Sache so dar, als ob der Mann überhaupt auf jeden Fall bestraft würde, gleichgültig ob die Beschwerde gegründet sei oder nicht. Und bekomme der Mann einmal Recht, „so bildeten die Vorgesetzten einen förmlichen Ring um ihn," um ihn zu drangsaliren.

Was soll man zu einer so empörenden Beschuldigung sagen? Hat Herr Bebel in der Armee gedient? Er hat seine Kenntniß wieder nur aus dem „Material", das wir eben gekennzeichnet haben, geschöpft.

Daß uneble Rachsucht da und dort einmal im Spiel gewesen, Bedrückungen erfolgt sind, wer wollte das ganz leugnen? Wie können wir denn schon ganz fehlerfreie Menschen sein? Wir leben ja noch nicht in „der besten aller Welten", welche die Sozialdemokratie einstmals konstruiren wird.

Das Empörende liegt immer wieder in der Verallgemeinerung solcher Vorgänge.

Wenn manchmal Bestrafungen des Klägers auch bei gegründeten Beschwerden erfolgen, so liegt die Sache gewöhnlich so, daß häufig Reizungen des Untergebenen den Vorgesetzten zu einer Gesetzwidrigkeit hingerissen haben. —

Man hat den Beschwerdeweg schon seit 1875 einfacher gestaltet. Früher mußte der Soldat die Instanz des Korporalschaftsführers innehalten. Jetzt geht er direkt zum Feldwebel. Man könnte ihm ohne Schaden erlauben, direkt zum Hauptmann, und wenn die Beschwerde gegen diesen gerichtet, zum Bataillonskommandeur zu gehen. Das ist aber auch Alles, was man thun könnte. Indeß auch diese Aenderung hat eine bedenkliche Seite. Nehmen wir an, daß einmal, wie dies des öfteren vorkommt, ein ganz junger Offizier die Kompagnie führen muß, so hat es vielleicht seine Vorzüge, wenn ein älterer Mann, wie der Feldwebel gewöhnlich ist, ihm die Sache vorträgt. Es ist also, wenn man näher hinsieht, nicht immer so leicht, Besseres zu schaffen, wie man sich das bei den Debatten im Reichstage manchmal denkt.

Dem Soldaten eine absolute Pflicht der Beschwerde aufzuerlegen, erscheint nicht angemessen. Die Klage hängt ja auch in vielen Fällen im bürgerlichen Leben vom freien Entschluß des

Verletzten ab. — Aber wohl muß die Unterweisung der Soldaten dahin gerichtet sein, daß ein ehrenhafter Mann sich keine ent- würdigende Behandlung gefallen lassen solle.

Was nun aber die Herren bei allen ihren Debatten außer Acht ließen oder nicht wußten, das ist der Umstand, daß es bei körperlichen Mißhandlungen gar keiner Beschwerde, sondern nur einer einfachen Anzeige bedarf. Dies ist der Fall bei allen gerichtlich zu bestrafenden Vergehen, und die Mißhandlung ist ein solches. Sie kann niemals disziplinarisch erledigt werden. (Vergl. Ein- führungsgesetz vom 20. 6. 1872 und § 122. M. M. St. G. B.)

Nach gemachter Anzeige hat kein Vorgesetzter mehr das Recht der Entscheidung, sondern er hat nichts zu thun, wie den That- bericht einzureichen und die Sache zur gerichtlichen Untersuchung zu melden. —

Daß Unterbrückungen von Beschwerden und Anzeigen vor- kommen, ist höchst selten, denn bei der Schärfe der Verordnungen und Gesetzesparagraphen, betreffend dies Vergehen, wagt es ein Feldwebel wohl sehr selten, die Beschwerde nicht weiter zu geben.

Das aber ereignet sich ja leider noch immer und wird wohl niemals ganz ausgerottet werden können, daß ein Unteroffizier aus Furcht vor einer ihn wegen Mißhandlung bedrohenden Strafe die ihm direkt unterstellten Leute hin und wieder zu beeinflussen sucht.

Wie ist nun diesem Uebel abzuhelfen? — Nun, die radikalen Parteien thun alles Mögliche, um es zu konserviren, indem sie, anstatt dem Manne zu sagen, daß er ohne Scheu seine Be- schwerde anbringen solle, ihm einreden, daß hülfe ihm doch nichts: indem sie durch ihre Reden im Reichstage diese Ansicht öffentlich aussprechen und verbreiten, zahllose Angehörige dazu ver- leiten, anstatt an die Vorgesetzten, sich an sie zu wenden, und dabei die Großmannssucht pflegen — denn es ist so hübsch, sich im Reichs- tage besprochen zu lesen — die Feigheit bei den Mannschaften groß ziehen, nicht die Würde und Mannhaftigkeit, welche von sozialdemokratischer Seite so hoch gepriesen wird.

Wenn aber selbst Schullehrer, die doch auf einer besseren Bildungsstufe stehen, und gar nichts bei ihrer kurzen Dienstzeit riskiren können, den Muth einer Beschwerde nicht haben, sondern ihr Recht durch die Presse suchen, was soll man dann von den anderen Mannschaften erwarten?

Es ist augenscheinlich, daß bei dem gemeinen Manne die Neigung zum passiven Widerstande, zur Widersetzlichkeit durch diese Verhandlungen des Reichstages, nur gestärkt werden kann,

und daß hieraus wieder Ueberschreitungen der Dienstgewalt hervor-
gehen, ist nicht minder klar. —

Auch in sofern wirken sie schädlich. —

Aber — das ist ja gerade der Zweck der Anschuldigungen
der Sozialdemokraten.

Es ist also wiederum der Fraktionsgeist, der auch in Behandlung dieser Dinge das Vaterland schädigt. —

Schlußbetrachtung.

Wollen wir nun mit unseren obigen Ausführungen jeden
Uebelstand in der Armee und jeden Mißbrauch leugnen? Nun, es
geht sicherlich aus ihnen hervor, daß dies nicht der Fall ist. — Ich
glaube sogar, daß zur Unterdrückung von Mißbräuchen immer noch
mehr geschehen könnte. Nur muß man sich darüber klar sein, daß
dieselben nicht allein den Vorgesetzten in die Schuhe geschoben
werden können, sondern daß die Verhetzung der Masse durch die
sozialdemokratische Agitation, die Auflösung aller Bande der
Pietät eine große unmittelbare wie mittelbare schlechte Ein-
wirkung übt.

Aber ich erkläre zusammenfassend nach meinen Erfahrungen
im Frieden und Kriege, daß die Armee weit von dem Bilde
entfernt ist, welches die radikalen Parteien von ihr entwerfen,
und daß die vorgebrachten Anschuldigungen theils übertrieben,
theils ganz grundlos sind; das wird wieder durch die neuesten
Untersuchungen der Regierung bewiesen.

Das Vorbringen einzelner Strafthaten im Reichstage — auch
in bester Absicht — halten wir grundsätzlich für schädlich. Das
Verweisen der Denunzianten an die zuständigen Behörden ist das
Richtige. Sollten in einzelnen Fällen besondere Umstände dazu
veranlassen, so könnte es sich als Ausnahme wohl rechtfertigen
lassen, das eingegangene Material unter kurzer Erörterung der
Regierung zur Prüfung zu übergeben.

Drastische Fälle, welche in der That geeignet sind, die Un-
zulänglichkeit irgend welcher Gesetze, z. B. des Militärstrafprozesses
zu beleuchten, könnten zur Erörterung kommen.

Aber, wie wir schon vorher sagten, — nimmermehr dürfen
solche Denunziationen als vollendete Thatsachen hin-
gestellt, nimmermehr dürfen sie dazu benutzt werden,

um in der absichtlichsten Weise einzelne Personen und ganze Stände dem Haß und der Verachtung preiszugeben, wie dies wieder am 9., 10. und 21. März geschehen ist. Die Mitglieder des Reichstages haben Privilegien wie kein Bürger im Staate. Jeder Einzelne hat daher die Pflicht, sich derselben würdig zu zeigen und sie nicht zu mißbrauchen. Wenn er Miß= brauch mit seinen Privilegien treibt, so handelt er genau so wie die von demokratischer Seite so hart geschmähten Privilegirten ver= gangener Jahrhunderte, welche ebenfalls oft vergaßen, daß das Pri= vilegium auch Pflichten auferlegt. — Es ist aber schlimmer, die Ehre abschneiden, als den Leib tödten.

Die Wirkungen auf den gemeinen Mann im Gliede haben wir schon geschildert. Die Folgen dieser Behandlung der Dinge ist aber außerdem die Aussaat von Mißtrauen zwischen Vorgesetzten und Untergebenen.

Eine weitere Folge wird sein die Vergrößerung eines Denunziantenwesens, zu welchem in unserer Zeit schon übergroße Neigung obwaltet, wie die anonyme Briefpest beweist, welche überall grassirt.

Wenn man mitten im Reichstage falsche Anschuldigungen und infamirende Beleidigungen aussprechen hört, so ist dies nur ein weiterer Schritt zur Entsittlichung der Nation. Die Miß= handlung unserer Offiziere im Reichstage ist weit schlimmer als die Mißhandlungen, welche durch irgend einen rüden Vorgesetzten einem Untergebenen zugefügt werden können.

Und die Welt hört mit Staunen zu.

Die Fremden fragen: Sind das die Offiziere, welche Preußen und Deutschland zum Siege geführt haben? Ist das das Offizier= korps, dessen Tapferkeit und Einsicht, dessen Fürsorge für die Mannschaft, dessen Geist und Humanität wir in Feindesland be= wunderten, dessen Einrichtungen wir nachgeahmt haben?

Das deutsche Offizierkorps wird jetzt im deutschen Reichs= tage derart behandelt?

Da ist es denn kein Wunder, wenn die chauvinistischen Ge= lüste im Auslande wachsen, denn Jeder weiß, daß im Offizier= und Unteroffizierkorps die eigentlich treibende Kraft einer Armee sitzt. Wer wollte wohl verkennen, daß dem deutschen Einigungs= werke die verschiedensten geistigen Kräfte vorarbeiteten, die Arbeit unserer Dichter, Gelehrten und wackeren Bürger aller Stämme? Aber wer will auch leugnen, daß, als Bismarck den Gedanken in die That umsetzte, unsere Offiziere — nach Jahrzehnte langer

mühſamer unbankbarer Arbeit im Frieden — die Söhne des
Landes zu unvergleichlichen Siegen führten und mit einem drei=
fachen Einſatz von Blut und Knochen die deutſche Einheit
beſiegelten.*) Hiermit haben ſie nur ihre Schuldigkeit gethan,
aber ſie haben ſie gut gethan, und die Blücher, Scharnhorſt,
Gneiſenau, Clauſewitz, Moltke, Goeben, Kirchbach u. ſ. w. waren
auch einſt preußiſche Lieutenants.

Somit kann man wohl bei dieſer Gelegenheit daran er=
innern: Ohne die Siege der Armee gäbe es keinen deutſchen
Reichstag! —

Das ganze Verhältniß der Armee zum Kriegsherrn und die
Idee der Unterordnung brachte es in früheren Zeiten mit ſich,
daß das Offizierkorps — welches außerdem der Politik in ſeinem
Thun ganz ferne ſtehen muß — dem parlamentariſchen Weſen
nicht übermäßig ſympathiſch gegenüber ſtand. Man konnte dem ent=
ſprechende Aeußerungen vor 30 Jahren noch oft genug hören.
Aber wenn auch der aktive Offizier an der Politik nicht Theil
nimmt, ſo verfolgt er dieſelbe ſo gut wie jeder andere Staats=
angehörige.

Und ſo iſt man denn im Offizierkorps im Allgemeinen gut
orientirt über die Bedingungen unſeres ſtaatlichen Daſeins. Kein
Offizier iſt über die Bedeutung und Rechte des Parlaments im
Unklaren.

Mit Ausnahme weniger Fälle hat das Offizierkorps eine
Haltung gezeigt, welche nicht dazu angethan war, andere Stände
irgendwie zu verletzen. Der Verkehr mit den gebildeten Klaſſen
der Nation iſt ein durchaus freundlicher. Der Offizier weiß, daß
er Fleiſch und Blut an dem Körper der Nation iſt.

Die Beſchimpfungen aber, welchen er ſeit einer Reihe von
Jahren im Reichstage ausgeſetzt iſt, ſind nur dazu geeignet, die
Schranken wieder aufzurichten, deren Vorhandenſein man früher
ſo oft beklagte. Sie ſind dazu geeignet, den Offizier wieder mit der
alten Geringſchätzung zu erfüllen, mit der die Männer des Degens
in früheren Zeiten oft die Parlamentarier über die Achſel anſahen.

Wir würden das ſehr beklagen, denn wir halten jedes Miß=
verhältniß zwiſchen den verſchiedenen Ständen und ſtaatlichen Fak=

---

*) 1864, 66, 70/71 kam 1 Offizier auf 65 Mann. Es waren aber
Todte und Verwundete 1 Offizier auf 23 Mann. Daran haben ſelbſt=
verſtändlich Reſerve= und Landwehroffiziere denſelben Antheil. Jedoch
befand ſich unter den Berufsoffizieren natürlich ein größerer Prozentſatz
älterer Männer. Den ſtärkſten Verluſt erlitten 1870 die Stabsoffiziere.

toren für ein nationales Unglück. Aber man vergegenwärtige sich den Eindruck, den diese Debatten auf das Offizierkorps — auch auf das der Reserve und Landwehr — gemacht haben, und man wird einen solchen Effekt nicht wunderbar finden.

Nicht daß Herr Bebel und Genossen das Offizierkorps beschimpften, sondern, daß der Reichstag nicht einmüthig war in der entschiedensten Abweisung, das ist der springende Punkt. In einer Zeit, in welcher der Parlamentarismus andern Orts recht empfindliche Stöße erhält, sollte Ruhe und Würde in unseren Parlamenten die Losung sein.

In einigen Blättern, darunter auch besonders in der „Kölnischen Zeitung", ist darauf hingewiesen worden, daß solche Vorfälle sich nicht wiederholen dürften, daß es schmachvoll sei, Männer, die sich nicht vertheidigen können, auf Grund einseitiger Denunziationen des Meuchelmordes u. s. w. zu zeihen; daß der Reichstag die nöthigen Maßregeln treffen müßte, um sie unmöglich zu machen; daß die fast stete Beschlußunfähigkeit des Reichstages auch das Entziehen des Wortes zu einer zweifelhaften Sache mache; daß im Uebrigen durch diese Beschlußunfähigkeit das Bild der Sitzungen der Vorstellung treuester Pflichterfüllung, wie sie im Beamtenthum und dem Heere in Deutschland üblich, nicht entspreche.

Man erkenne vor allem die Absicht der Feinde der Gesellschaft, und die Mittel, ihrer, unter dem Schutz der Unverletzlichkeit des Abgeordneten angestellten Agitation Einhalt zu thun, wird man finden.

Man sagt, gerade die Freiheit des Wortes sei das Ventil, um Katastrophen zu verhüten. Jede Freiheit kann aber mißbraucht werden, und solchen Mißbrauch zu verhüten oder abzustellen, ist eben Sache des Reichstages selbst.

Das Kennzeichen der Gegenwart ist also: Der Fraktionsgeist will die durchaus nöthige Verstärkung unserer Wehrkraft hindern; er trägt aber auch dazu bei, das Ansehen des Heeres möglichst herabzusetzen. Möchte nicht einst die Geschichte von uns schreiben: In jenen Zeiten lebte die alte Uneinigkeit in anderer Form wieder auf, und der Fraktionsgeist machte die Deutschen blind gegen die äußeren und inneren Gefahren.

Gott und das deutsche Volk mögen es bessern!